지은이 옥한흠

제자훈련에 인생을 건 광인(狂人) 옥한흠. 그는 선교 단체의 전유물이던 제자훈련을 개혁주의 교회론에 입각하여 창의적으로 재해석하고 지역 교회에 적용한 교회 중심 제자훈련의 선구자다.

1978년 사랑의교회를 개척한 후, 줄곧 '한 사람' 목회철학으로 예수 그리스도를 닮은 평신도 지도자를 양성하는 데 사력을 다했다. 사랑의교회는 지역 교회에 제자훈련을 접목해 풍성한 열매를 거둔 첫 사례가 되었으며, 국내외 수많은 교회가 본받는 모델 교회로 자리매김했다. 1986년에 시작한 〈평신도를 깨운다 제자훈련 지도자 세미나〉(Called to Awaken the Laity, CAL세미나)는 제자훈련을 목회의 본질로 끌어안고 씨름하는 수많은 목회자에게 이론과 현장을 동시에 제공하는 탁월한 세미나로 인정받고 있다.

철저한 자기 절제가 빚어낸 그의 설교는 듣는 이의 영혼에 강한 울림을 주는 육화된 하나님의 말씀으로 나타났다. 50대 초반에 발병하여 72세의 일기로 생을 마감할 때까지 그를 괴롭힌 육체의 질병은 그로 하여금 더욱 더 하나님 말씀에 천착하도록 이끌었다. 삶의 현장을 파고드는 다양한 이슈의 주제 설교와 더불어 성경 말씀을 심도 있게 다룬 강해 설교 시리즈를 통해 성도들에게 하나님 말씀을 이해하는 지평을 넓혀준 그는, 실로 우리 시대의 탁월한 성경 해석자요 강해 설교가였다.

설교 강단에서뿐만 아니라 삶의 자리에서도 신실하고자 애썼던 그는 한목협(한국기독교목회자협의회)과 교갱협(교회갱신을위한목회자협의회)을 통해 한국교회의 일치와 갱신에도 앞장섰다. 그리하여 보수 복음주의 진영은 물론 진보 진영으로부터도 존경받는, 보기 드문 목회자였다.

1938년 경남 거제에서 태어났으며 성균관대학교와 총신대학원을 졸업했다. 미국의 캘빈신학교(Th. M.)와 웨스트민스터신학교에서 공부했으며, 동(同) 신학교에서 평신도 지도자 훈련에 관한 논문으로 학위(D. Min.)를 취득했다. 제자훈련 사역으로 한국교회에 끼친 공로를 인정받아 웨스트민스터신학교에서 수여하는 명예신학박사 학위(D. D.)를 받았다. 2010년 9월 2일, 주님과 동행한 72년간의 은혜의 발걸음을 뒤로하고 하나님의 너른 품에 안겼다.

교회 중심의 제자훈련 교과서인 《평신도를 깨운다》를 비롯해 《길》, 《안아주심》, 《고통에는 뜻이 있다》, 성경 강해 시리즈인 《로마서 1, 2, 3》, 《요한이 전한 복음 1, 2, 3》 등 수많은 스테디셀러를 남겼으며, 그의 인생을 다룬 책으로는 《열정 40년》, 《광인》 등이 있다.

옥한흠 전집 주제 02
길
이것이 목회의 본질이다

| 일러두기 |

본문의 성경은 《성경전서 개역개정판》을 주로 사용하였습니다.

길

옥한흠 지음

국제제자훈련원

들어가며

지난 백 년 동안 한국 교회는 놀라운 은혜를 경험했습니다. 더불어 세상이 무시할 수 없는 눈부신 발전을 이룩해 왔습니다. 하지만 새로운 세기에 들어선 지금 한국 교회는 위기를 맞고 있습니다. 성장의 이면에는 드러내어 이야기하기 힘들 정도로 부끄러운 부분이 많습니다.

성경의 가르침을 떠난 세상의 지혜와 방법들이 교회를 병들게 했습니다. 당연히 이런 영적 질병은 신앙과 삶의 불일치로 연결되었고, 사회에 대한 교회의 영향력은 축소될 수밖에 없었습니다. 교회를 향한 세상의 눈이 곱지 못한 것은 당연한 결과일 것입니다. 생명을 바쳐 사랑과 희생 그리고 봉사의 삶을 사는 이들이 많지만, 세상의 소금과 빛으로서의 이미지를 잃어버린 것은 오늘날 우리가 안고 가야 하는 슬픈 역설입니다.

세상이 말하듯 우리가 믿고 있는 기독교가 과연 개인의 축복과 구원만을 추구하는 이기적인 집단일까요? 분명 아닙니다. 지금 세상은 교회에 대해 오해하고 있습니다. 그런데 이 오해는 세상이 아니라 교

회에서 시작되었습니다. 따라서 문제의 해결은 교회에서 시작되어야
합니다.

　돌이켜 보면, 개혁과 갱신은 언제나 우리 앞에 놓여진 과제였습니다. 그런 만큼 이것은 어느 한순간 이루어지는 것도, 누구나 감당할 수 있는 것도 아닙니다. 그럼에도 누군가는 꼭 해야 할 일입니다. 그렇다면 과연 누가 이 일을 감당해야 하는 것일까요? 이 역사적 책임 앞에 선 우리의 모습은 어떠했습니까?

　교회의 개혁과 갱신과 관련해 우리는 그 대상에서 '자신'을 제외시키는 어리석음을 반복해 왔습니다. 이제는 악순환의 고리에서 벗어나야 합니다. 우리 모두가 개혁과 갱신의 대상이며, 동시에 개혁과 갱신의 주체라는 것을 깊이 받아들여야 합니다. 갱신은 바로 '나'로부터 시작됩니다.

　'나는 목회자가 아니니까, 나는 직분을 받지 않았으니까'라는 핑계는 이제 그만둡시다. 하나님께서 선택하신 성도라면 그 누구라도 교회와 세상의 건강에 대한 책무를 피할 수 없습니다. 그리스도의 제자라면 그리스도처럼 사랑하고 그리스도처럼 봉사해야 합니다. 이런 예수님을 닮은 제자를 길러내는 것이 제자훈련입니다.

　제자훈련은 가르침을 위한 교육이나 훈련이 아닙니다. 진정한 예수님의 제자가 되기 위해 떠나는 여행입니다. 길을 떠난 여행자들은 각자의 십자가를 지고 걷습니다. 여행을 마친 후 어떤 모습으로 변해 있을지는 오직 주님만이 아십니다. 이 책은 주님 되신 그리스도 예수와 함께할 그 여행의 '준비서'입니다.

　제1장 '제자도'에서는 참 제자의 모습에 대해 이야기합니다. 성경이 말하는 제자가 누구인지 알아보는 데 그 목적을 두고 있습니다. '제

자'가 무엇인지 모르고 제자훈련에 임한다는 것은 목적을 잃고 길을 떠나는 것과 다르지 않습니다.

제2장 '십자가'에서는 주님이 요구하시는 제자의 삶이 어떤 것인지를 보여 줍니다. 한편 예수님의 작은 제자로 살아가기 위해 요구되는 희생은 어떤 것인지를 알아봅니다. 예수님은 제자로 살아가기 위해서는 스스로 낮아질 것을 명령하십니다. 또한 섬김을 받는 자리가 아니라 섬기는 자리에 서야 함을 말씀하십니다.

제3장 '제자들'에서는 로마서에 등장하는 평신도 사역자들을 통해 우리의 삶에 적용할 구체적인 모델을 살펴봅니다. 전 생애와 전 인격을 바쳐 복음을 증거하고 하나님을 예배하는 사람들, 목회자들보다 더 헌신적으로 주님을 섬기는 사람들, 그들이 진정한 예수님의 작은 제자들입니다.

제4장 '대사명'에서는 예수님을 따르고 이웃을 섬기는 데서 나아가 또 다른 제자를 재생산하는 것에 대해 이야기합니다. 이는 모든 믿는 자에게 주신 하나님의 목표이며, 우리가 달려가야 할 푯대입니다.

건강한 교회를 만들어 보겠다는 생각으로 제자훈련 목회를 시작한 지 어느덧 30년이 흘렀습니다. 또한 제자훈련 지도자 세미나를 통해 동역자들에게 제자훈련 목회철학을 소개한 지도 17년이 넘어갑니다. 그동안 주님께서는 분에 넘치는 은혜와 감당하기 어려운 열매를 주셨습니다. 지금까지는 한국 교회의 묵은땅을 갈아엎고 씨를 뿌리는 과정이었지만 정말 중요한 것은 지금부터입니다. 열심히 물을 주고 가꾸면서 자라게 하시는 하나님의 은혜를 특별히 사모해야 하는 제자훈련 사역의 제2기를 맞이하고 있기 때문입니다. 이제 아름답고 건강한 현장을 찾는 것은 그리 어려운 일이 아닙니다. 하지만 아직도 갈아

엎어야 할 묵은땅은 얼마든지 있습니다. 묵은땅을 갈아엎고 씨를 뿌리고 물을 주는 일이 바로 '나'와 '당신'이 함께 해야 할 일입니다. 예수 그리스도의 제자가 되기 위해 수많은 동역자들과 함께 떠나는 이 여행이 한국 교회를 건강하게 하는 밑거름이 되기를 기대합니다.

2008. 11
옥한흠

추천하며

옥한흠 목사님의 지난 30여 년간의 평신도 훈련에 대한 비전과 열정
은 한국 교회에 커다란 족적을 남겼습니다. 그리고 시간 속에 파묻은
훈련의 씨앗은 이제 한국 교회와 사회 곳곳에 예수 그리스도의 제자
물결을 이루고 있습니다. 이러한 때에 평신도를 위한 제자훈련 입문
서 《길》이 출간되었다는 사실은 목회자와 평신도 모두에게 큰 기쁨과
격려가 되는 일입니다.

최홍준 원로목사 (호산나교회)

옥한흠 목사님은 한국 교회가 낳은 가장 탁월한 목회자 중 한 분입니
다. 그의 목회는 아름다운 조기 은퇴와 더불어 감동적인 리더십 이양
을 통해 한국 교회의 귀감이 되었습니다. 뿐만 아니라 그의 사역의 꽃
이라 할 수 있는 제자훈련 사역은 이미 《평신도를 깨운다》라는 책을
통해서 검증이 되었으며, 사랑의교회는 많은 후배 목회자들과 한국
교회의 모델이 되었습니다.

이제 그는 한국 교회의 모든 목회자와 평신도들을 향하여 또다시 애정 어린 책 한 권을 내놓습니다. 이 책은 제자훈련에 대해 가장 쉬운 말과 함축적인 언어와 뜨거운 열정으로 만들어진 책입니다. 나는 이 책을 읽으면서 목사님의 깔끔한 성품과 탁월한 영성과 한국 교회를 향한 뜨거운 사랑을 느꼈습니다. 제자훈련의 핵심가치에 대한 주옥같은 글들은 단순한 글이 아니라 그의 숨결이요 호흡입니다.

이 책은 한국 교회가 세계 교회의 문턱에서 새로운 비전과 비상의 날개를 펴는 지침서가 될 것입니다.

하용조 목사

자아상은 우리의 행동양식을 결정합니다. 우리는 자신이 믿는 대로 행동하게 됩니다. 한국 교회의 미래는 한국 교회 평신도의 어깨 위에 있습니다. 한국 교회 평신도의 자아상 인식은 바로 한국 교회의 미래적 과제입니다. 이 책은 제자훈련 입문서로 평신도의 자아상 정립을 위한 것입니다.

이 책은 평신도가 스스로를 일깨우도록 돕기 위한 훈련 교본입니다. 목회자가 평신도를 깨우는 것은 중요한 목회적 책임입니다. 그러나 스스로의 깨움 없는 훈련은 언제나 한계를 갖습니다. 이 책은 이런 한계를 넘어서서 평신도들이 대사명을 감당하도록 독려할 것입니다.

오늘의 한국 교회는 성숙과 좌절의 갈림길에 섰습니다. 그 결정은 교회 내 평신도 지도자들의 자각 여하에 달려 있습니다. 평신도가 일어서면 우리가 살고 있는 세상이 달라질 것입니다.

옥한흠 목사님은《평신도를 깨운다》에 이어 이 역작을 펴내셨습니다. 깨워진 제자들이 제자의 길을 가는 것을 보고 싶어 하는 갈망 때문입니다. 이 땅의 예수의 제자들이 작은 예수가 되어 하나님과 이웃을

차례

들어가며   5

추천하며   9

1   제자도   15

2   십자가   37

3   제자들   55

4   대사명   79

미주   101

이것이 목회의 본질이다   109

사랑하여 자신을 드리기 시작할 때 한국 교회는 더 이상 취약한 교회가 되지 않을 것입니다. 그리고 한국 교회는 다시 한번 세상의 빛과 소금이 될 것입니다. 이 책이 바로 이런 교회 회복과 세상 치유의 텍스트로 사용되기를 기대합니다.

이동원 원로목사 (지구촌교회)

I

제자도

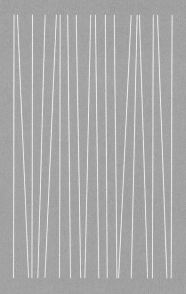

제자도는 이상적인 성도상(聖徒像)의 전부입니다.
그것은 우리가 어떤 표준에 맞추어 살아가고 훈련받을 것인가를
가르쳐 주는 예수님 자신의 대답입니다.
그래서 제자도는 신학자나 목회자만 깨달아 알 수 있는 특별한 지식이 아니라,
이미 성경을 통해 모든 성도에게 열려 있는 명령입니다.

제자도

성경에는 '제자도'(Discipleship)라는 말이 없습니다. 그리고 '제자'라는 말의 정의도 내린 적이 없습니다. 그 대신 무엇이 '제자'라고 불리는 사람의 인격이며 삶인가를 이야기하는 내용은 가득합니다. 그래서 제자도에 대해 정의하는 것은 어렵거나 막연하지 않습니다.

> 그러므로 너희는 가서 모든 민족을 제자로 삼아 아버지와 아들과 성령의 이름으로 세례를 베풀고 내가 너희에게 분부한 모든 것을 가르쳐 지키게 하라 볼지어다 내가 세상 끝 날까지 너희와 항상 함께 있으리라 하시니라_마 28:19-20

한마디로 제자도는 이상적인 성도상(聖徒像)의 전부입니다. 그것은 우리가 어떤 표준에 맞추어 살아가고 훈련받을 것인가를 가르쳐 주는 예수님 자신의 대답입니다. 그래서 제자도는 신학자나 목회자만 깨달아 알 수 있는 특별한 지식이 아니라, 이미 성경을 통해 모든 성도에게 열려 있는 명령입니다. 그리고 주님은 십자가를 통해 구원을 얻은 자라면 누구나 그 말씀을 깨달아 지킬 수 있도록 각 사람 안에 성령을 부어 주셨습니다.

그렇다면 성경이 말하고 있는 제자의 모습은 무엇입니까? 누구를 제자라고 부를 것입니까? 제자도를 이야기하기 전에 먼저 우리는 몇 가지 본질적인 이야기들을 짚어 보아야 할 것입니다.

평신도는 누구인가

성경에는 평신도(平信徒)라는 단어가 나오지 않습니다. 그러나 평신도라는 뜻을 가진 헬라어 '라이코스'(laikos)는 성경에서 자주 사용되는 '라오스'(laos)라는 말과 그 의미가 같습니다. 그렇지만 이 용어가 특정한 사람들을 가리켜 사용된 예는 전혀 없습니다. 포괄적으로 백성 전부를 가리킬 때 사용되었습니다.

그러므로 '평신도'의 본래의 의미는 주님에게 선택받은 자, 성도, 제자 혹은 믿는 자의 공동체인 전(全) 교회를 지칭한다는 점을 먼저 명심해야 할 것입니다. 평신도라는 말에는 목회자와 나머지 성도들을 갈라놓는 의미가 조금도 들어 있지 않습니다. 성경에서 사람들을 구별하는 조건으로 사용되는 것은 한 가지뿐입니다. 그것은 세상 사람과 구별되는 자로서 하나님의 자녀라는 독특한 개성입니다.[1]

다시 말하면, 교회 안에는 하나님의 자녀들 가운데 구별하는 조건이나 근거가 전혀 없다는 것입니다. 그러므로 성직마저 다른 성도들과 구별되는 잣대가 될 수 없습니다. 교회는 선택받은 사람들의 모임이며, 예수 그리스도를 믿는 자는 다 택함을 받은 하나님의 백성에 속합니다. 하나님의 택함을 받은 자라는 점에서 모두가 하나님 앞에 평등할 뿐입니다. 이것은 교회가 어떤 특정한 계급이나 신분을 절대 용납하지 않는다는 것을 의미합니다. 한 사람도 예외 없이 선택받은 자이고 성도이며, 제자이고 형제들입니다.

또한 예수 그리스도를 믿는 자는 모두가 죄로부터 해방된 자유인입니다(롬 6:18-23 참조). 이제 그들은 자기 자신의 것이 아니라 그들을 해방시킨 그리스도의 소유가 되었습니다(고전 6:19 참조). 그러므로 성도는 누구나 성령으로 채움을 입은 성령의 사람입니다. 성령께서는 교회의 전 공동체와 각 개인에게 임하셨고, 그 결과 전 교회가 다 새로운 피조물이 된 것입니다. 성령을 모시고 있다는 점에서 목회자와 평신도는 전혀 차이가 없습니다. 성령으로 신령한 제사를 드리는 제사장[2]이라는 점에서도 둘은 구별되지 않습니다. 따라서 전 교회의 구성원인 평신도는 엄연히 교회의 주체이며, 교회라는 공동체 그 자체인 것입니다. 목회자도 이 공동체에 포함된 일원이라는 입장에서 교회의 주체가 됩니다.

끝으로 바울[3]은 교회를 그리스도의 몸이라고 했습니다(엡 1:23 참조). 이 몸의 머리는 그리스도요 그 지체는 성도들입니다(고전 12:27; 골 1:18 참조). 교회를 그리스도의 몸이라고 하는 것은 모든 성도가 지체로서 다 중요하며, 각자가 고유한 기능을 가지고 있다는 것을 의미합니다. 그들은 다 각자의 품위와 기능을 평등하게 소유하고 있습니다. 이 점에서 목회자와 평신도가 다르다고 말할 수 있습니까?

성도들이 지체로서 서로 깊은 의존의 관계를 가지고 있다는 것은 서로 돕지 않으면 살아남을 수 없다는 것을 의미합니다. 목회자가 평신도를 섬기는 것만 아니라 평신도가 서로 영적 봉사를 하는 사역의 책임을 지지 않으면 안 됩니다. 이런 목적을 위해 성령께서는 각 지체에게 은혜의 분량대로 은사[4]를 나누어 주십니다(고전 12:11 참조). 은사에는 모두가 평등합니다. 은사를 받는 데 예외가 없으며 은사 간의 차별도 없습니다. 각 지체가 이 은사를 통해서 몸을 고르게 하고 지체끼리 서로 같이 돌보게 됩니다(고전 12:24-25 참조).

그러므로 평신도는 교회의 객체가 될 수 없습니다. 평신도는 정기적으로 예배에 나와 경건한 분위기에 잠깐 감명을 받고 돌아가는 관람객이나 교회 운영에 보탬을 주는 단골손님이 아닙니다. 더욱이 주인의 명령에 마지못해 움직이는 하인도 아닙니다. 평신도는 그 말의 본래 의미대로 하나님의 백성이며, 교회의 주체입니다. 평신도와 목회자 모두가 직분에 상관없이 머리 되신 주님으로부터 소명을 받고 있습니다. 이 소명을 위해 성령은 각자 분수에 맞는 은사를 주어 몸의 지체로서 그 기능을 다 하게 하십니다.

사실 내 주위에는 평신도이면서도 목회자보다 더 예수님에게 미쳐 있는 사람들이 하나 둘이 아닙니다. 은행에 다니면서 자기가 전도한 170여 명의 영적 자녀들을 양육하고 언젠가는 세계를 복음으로 바꾸어 놓겠다는 거룩한 야망을 가지고 뛰는 평신도가 있다면 믿을 수 있겠습니까? 그는 은행에서 퇴근하면 월요일에는 직장인 성경공부를 인도하고, 화요일에는 전도폭발팀의 훈련자가 되고, 수요일에는 전도 대상자와 개인적인 교제를 나누고, 목요일에는 신우회, 금요일에는 리더 모임, 토요일에는 성경공부반 전체 모임을 인도한 후 전도를 나갑니다.

그의 전도 방법은 독특합니다. 예를 들면, 테니스를 치는 것도 아니면서 테니스 치는 동료들에게 다가가 물도 갖다 주고 점수도 매겨 주고 간식까지 사다 주면서 섬기는 것입니다. 그리고 운동이 끝나면 식사를 대접합니다. 이런 식으로 섬기다 보면 복음을 전할 기회가 열리곤 한다는 것입니다.

그의 꿈은 퇴직하고 나서 중국으로 건너가 의대에 입학하여 의술을 배우고 그것을 도구로 삼아 중국 전역을 돌면서 복음을 전하는 것입니다. 그리고 일흔 살까지 살 수 있다면 그때까지 전 세계를 누비면서 그리스도의 복음을 증거하고 싶어 합니다. 그는 자기가 세상을 떠난 다음에 자녀들이 "우리 아빠는 복음을 전하며 한생을 살다 가신 분이다. 나도 그러고 싶다"라는 말을 하게 되는 것이 소박한 자기 소원이라고 합니다. 이런 사람을 누가 '평'범한 '신도'라고 감히 부르겠습니까?

그러나 불행하게도 아직 많은 평신도들이 잠을 자고 있습니다. 엄청난 저력을 가진 거인이 힘을 쓰지 못하고 있는 것입니다. 물론 어느 교회나 열심히 헌신하는 평신도 그룹들이 있습니다. 그들의 봉사가 얼마나 귀하고 아름다운 것인가는 그들을 통해 지금까지 한국 교회에 내려 주신 하나님의 은혜를 보아 알 수 있습니다. 그러나 문제는 교회의 본질적인 사역에 직접 참여하고 있는 소수의 모범적인 평신도마저 목회자의 옷자락을 받들어 주는 시녀 역에서 더 발전하지 못하고 있다는 것입니다.

대부분의 평신도들은 시간이 없다고 핑계를 댑니다. 전문적인 교육을 받지 않아서, 전도하는 일이나 가르치는 일이나 상담을 하는 것은 신학교를 나온 목회자가 해야 한다고 생각합니다. 세상에서 생업에 종사하면서 무거운 짐을 지고 사는 사람이라, 교회 안에서는 뒷자리를 지키며 시키는 일이나 적당히 하면 된다고 생각합니다. 그 결과 에서[5]가 장자권을 가볍게 여기고서 처분했듯이 하나님이 우리에게 주신 가장 중요한 소명을 포기해 버리는 것입니다.

'평신도'는 '전(全) 교회'라는 말과 같습니다. 평신도가 예배드리는 자의 주체로 하나님 앞에 일대일로 서지 않는다면 이는 구원받은 개인이라는 사실을 인정하지 않는 것이나 다름없습니다. 담임목사의 하나님이 나의 하나님이요 내가 드리는 기도가 하나님께 직접 상달되며, 세상에 피조물이 나 하나뿐이었다 할지라도 예수 그리스도는 십자가에서 피를 흘리셨을 것이라는 사실을 믿고 성도로서의 주체성을 가져야 할 것입니다.

제자는 누구인가

예수님의 공생애[6]가 시작되면서 그분이 제일 먼저 하신 일은 제자들을 부르시는 일이었습니다. 그가 제자들을 택하신 이유는 그의 전도 사역을 계속해 나갈 그의 사람들이 필요했기 때문입니다. "예수께서 필요로 하신 것은 그의 말이 그대로 인쇄된 산 교본의 구실을 할 수 있는 제자들이었다."[7] 그들은 실제적인 의미에서 예수님의 몸이 되었고 그들을 통하여 복음 사역이 계속되고 모든 사람들에게 전파되어야 했습니다.

예수님은 신중하게 제자들을 선택하셨습니다. 그 일을 위해 하룻밤을 기도로 보내지 않으면 안 되었습니다(눅 6:12 참조). "이 사람들이야말로 떼어 놓을 수 없도록 예수님에게 묶임을 당하고 그의 참모가 되고 돌격대가 되고 오른팔이 되기 위하여 선택된 것이다."[8] 그들은 하나님이 예수님에게 주신 자들이었기 때문에(요 17:6 참조) 예수님께서 하나님으로부터 받은 모든 진리의 말씀을 전부 다 전수받지 않으면 안 되었습니다(요 17:4 참조).

예수님은 세상에 계실 동안 일기 한 줄 남겨 놓지 않으셨고 자기를 기념할 돌비 하나 세워 놓지 않으셨습니다. 그가 남겨 놓은 유일한 유산은 그에게서 배운 저 무식하고 평범한 제자 몇 사람뿐이었습니다. 예수님은 소수의 제자들을 키우는 데 자신의 전 생애를 투자하셨습니다.

예수님이 직접 지목해서 부름을 받았고, 가장 가까운 자리에서 말씀을 들었고, 그분의 죽음을 경험했고, 부활하고 승천하시는 모습까지 목도했던 이 사람들은 세상으로부터 예수님의 제자라 불렸습니다. 그런데 예수님의 얼굴을 한 번도 마주 대한 적 없는 우리도 예수님의 제자라 불릴 수 있는 것일까요? 예수님을 보지 못했다 하더라도 교회에서 제자훈련 과정을 수료하면 제자가 되는 것일까요? 혹시 목회자나 선교사처럼 특별한 부르심을 받은 자들만이 제자라 불릴 자격을 가진 것일까요?

예수님이 요구하시는 제자의 길은 예수님이 이 땅에 계실 당시 지목하여 부르셨던 열두 제자와 현대를 살아가는 모든 성도들에게 동일하게 적용되는 교훈입니다. 이 길은 성숙한 성도냐 아니냐에 따라 선택할 수 있는 사항이 아닙니다. 헌신한 자는 제자가 되기 위해 모든 것을 포기해야 하고 아직 헌신을 결단하지 않은 자라고 해서 대가 지불을 면제받을 수 있는 것이 아닙니다. 비록 모든 성도에게 똑같은 대가를 요구하지 않으셨다 할지라도 일단 예수를 믿고 무리 가운데서 앞으로 나온 사람이면 예수의 제자가 되는 길을 걸어야 한다고 주님은 말씀하십니다.

사도행전을 보면 남녀를 가리지 않고 유대인,[9] 사마리아인[10]은 물론 심지어 이방인[11]들까지, 그리고 교회에서 리더십을 행사하는 지도자든 그렇지 아니한 평범한 성도의 한 사람이든 간에 예수를 주님으로 고백한 모든 사람이 다 제자라는 사실을 알 수 있습니다. 이 점은 모든 민족을 제자로 삼으라고 하신 예수님의 대사명과도 일치합니다. 그러므로 제자의 길은 예수님을 믿는 모든 사람이 걸어가는 길이요, 또 걸어가야 하는 길입니다.

그렇다면 이제 갓 믿고 돌아온 초신자도 제자요, 세례를 받고 신앙생활을 정식으로 하고 있는 자도 제자요, 열심히 배우면서 성숙하기를 힘쓰는 자도 제자임에 틀림없습니다. 그러나 영적 수준에서는 제자 간에 차이가 있는 것이 사실입니다. 말씀의 훈련이 되어 있지 않은 사람보다 배우고 지키게 하는 훈련을 받은 사람이 제자의 삶에서 훨씬 앞서 있다는 사실은 부인할 수 없는 일입니다. 그러므로 예수를 주로 고백한 사람은 제자가 되기 위해 훈련을 받는 것이 아니고, 제자이기 때문에 훈련을 받는 것입니다.

그러나 '제자가 된다'는 말은 이 세상에 사는 동안 미완성으로 남게 되는 문제입니다. 완전무결하게 예수를 닮았다고 주장할 수 있는 사람은 아무도 없기 때문입니다. 제자도의 완성에는 항상 무엇인가 부족합니다. 그리스도인은 '그리스도인이다'가 아니라 '그리스도인이 되어 가는 것'입니다.[12] 그러므로 우리가 잊지 말아야 할 것은 계속 성장하고 성숙해야 한다는 사실입니다. 주저앉아 일어나기를 싫어하는 자는 예수의 제자 된 자신의 신분을 돼지에게 던지는 것이나 다름없습니다.

○ ○ ○ ○ ○ ○ ○ ○ ○
주님의 인격을 따르는 자

제자의 개념에는 예수님께서 이 땅에서 사실 동안 그의 말씀과 삶의 모범을 가지고 보여 주신 '인격적 위탁자' '증인' '종'이라는 세 가지 중요한 요소가 들어 있습니다. 따라서 제자도는 이 기본 요소를 하나의 개념으로 표현하는 말이라고 할 수 있습니다. 주님의 제자도는 이 요소들이 제자의 실생활에 구현되는 산 진리입니다.

먼저 제자도에는 예수님에게 우리 자신을 전적으로 내맡기는 '인격적 위탁'이 있습니다. 신약성경에 나오는 제자의 의미를 고려해 볼 때,

우리는 전적으로 모든 것을 예수님에게 맡기지 못하는 사람을 절대로 제자라고 불러서는 안 됩니다. 성경은 예수님의 인격을 전적으로 신뢰하고 따르지 못하는 사람은 예수님에게 합당하지 않다(가치가 없다)고 말합니다(마 10:38 이하, 16:24; 막 8:34 이하 참조).

> 무릇 내게 오는 자가 자기 부모와 처자와 형제와 자매와 더욱이 자기 목숨까지 미워하지 아니하면 능히 내 제자가 되지 못하고 누구든지 자기 십자가를 지고 나를 따르지 않는 자도 능히 내 제자가 되지 못하리라_눅 14:26-27

예수님에게 전적으로 우리 자신을 내맡기는 인격적 위탁은 "나를 따라오라"는 주님의 부르심으로부터 시작됩니다(마 4:19; 막 1:17,20 참조). 그 부르심은 그를 따르는 자는 모든 것을 버려야 한다는 것을 전제하고 있습니다. 복음서[13]에서 예수님께서 자신을 따르라고 명령하실 때마다 모든 것을 포기하지 않고 주님을 따른 사람은 한 명도 없습니다. 포기를 못하는 자는 따라가지 못하였던 것입니다(눅 18:18-30 참조).

이 세상에서 그리스도의 새로운 왕국을 위해 복음의 증인으로 충성해야 할 예수님의 제자는 그가 치러야 할 대가를 미리 예상합니다. 예수님은 따르는 무리들을 돌아보시고 자기를 따를 자의 자격을 말씀하실 때 대가를 치러야 함을 숨기지 않으셨습니다. 건축을 하려면 사전에 공사비를 계산하는 것이 당연하며, 선전포고를 하기 전에 전쟁을 할 준비와 승산이 있는지를 미리 계산하지 않으면 이길 수 없습니다. 마찬가지로 제자로서 치러야 할 대가를 아는 자라야 주님을 따를 수 있다고 예수님은 말씀하셨습니다.

예수님의 제자가 치러야 할 대가에는 분쟁과 다툼도 있습니다. 자신과의 싸움뿐만 아니라 경우에 따라서는 가장 가까운 집안 식구와의 불화나 민족끼리의 전쟁도 겪게 됩니다(마 10:34-36 참조). 이것은 정상적인 가정 생활을 포기하라는 의미가 아닙니다. 예수님을 따르는 생활이 가정에서 걸림돌이 되어서는 안 된다는 말입니다. "그리스도에게 합당한 경외를 돌리는 일이 사람의 애정으로 인해 억압당하지 않는 조건 안에서 남편이 아내를, 아내가 아들을, 아들은 아버지를 사랑하게 하자. 만일 우리의 애정이 그리스도를 따르는 데 방해가 된다면 과감하게 그 사랑을 물리쳐야 할 것이다."[14]

예수님의 제자가 치러야 할 대가는 거룩한 희생입니다(마 10:37 참조). 하나님의 뜻과 환경의 요구가 항상 일치하는 것은 아닙니다. 예수님과 가족 가운데서 양자택일을 강요당하는 심각한 순간이 찾아올 수 있습니다. 존 번연(John Bunyan, 1628-1688)[15]은 가족을 위해 신앙 양심을 버리든지 예수님을 위해 형무소로 가든지 선택해야 할 기로에 섰을 때, 가족을 포기하는 것이 얼마나 무서운 고통이었는지 마치 뼈에서 살을 뜯어내는 것 같았다고 기록했습니다. 위대한 순교자들은 모두 선택의 기로에서 예수님을 선택하는 희생을 감수했던 것입니다.

"자녀이면 또한 상속자[16] 곧 하나님의 상속자요 그리스도와 함께한 상속자니 우리가 그와 함께 영광을 받기 위하여 고난도 함께 받아야 할 것이니라"(롬 8:17). 예수님이 고난의 길, 십자가의 길을 걸어가셨는데 그의 제자가 다른 길로 돌아갈 수는 없는 것입니다. 예수님의 고난은 제자들에게 본이 되었습니다.

예수님의 제자가 치러야 할 대가는 자신의 생명입니다(마 10:39 참조). 주님을 따르는 신앙생활에는 세상의 자기 안전이 우선이 될 수 없습니다. 그리스도의 제자는 그의 선생과 같이 하나님과 이웃을 섬기기 위해 세상에서 부름 받은 자입니다. 그 목적을 위해서 자기 생명을 기꺼이 바칠 수 있어야 합니다. 제자의 참 행복이 여기에 있습니다. 그것이 바로 자기 생명을 영원히 향유하는 길이기 때문입니다.

> 내가 달려갈 길과 주 예수께 받은 사명 곧 하나님의 은혜의 복음을 증언하는 일을 마치려 함에는 나의 생명조차 조금도 귀한 것으로 여기지 아니하노라_행 20:24

> 그가 우리를 위하여 목숨을 버리셨으니 우리가 이로써 사랑을 알고 우리도 형제들을 위하여 목숨을 버리는 것이 마땅하니라_요일 3:16

주님을 따르는 데 장애가 되는 것들을 모두 포기해야 제자가 된다는 말씀을 들을 때마다 우리 마음은 심히 근심하게 됩니다. 예수님의 요구와 우리의 모습에는 큰 차이가 있기 때문입니다. 이렇듯 제자도를 이야기할 때마다 우리는 혼란이나 모순을 느끼지만, 절대 부인할 수 없는 사실은 제자가 된다는 것이 예수 그리스도를 닮는 과정을 의미한다는 것입니다.

과정에는 아직 이루지 못한 것으로 인한 긴장이 늘 따라다닐 수 있습니다. 그리고 현재의 불완전함으로 인한 고통이 수반됩니다. 이것은 조금도 이상한 일이 아닙니다. 본질적으로 제자 됨이란 현세의 삶에서 흠이 없는 완전함을 성취하는 것이 아니기 때문입니다. 불완전함에도 계속해서 예수를 본받기 원하는 과정에 머물기를 기뻐하는 사람이라면 그는 주님께 자신의 삶을 헌신하는 자라고 할 수 있습니다.

사도행전으로 돌아가 제자로 불렸던 초대 교회[17]의 성도들을 보면 그들은 한결같이 예수님을 따른 자들이었으나, 어떤 형식으로 모든 것을 포기하고 예수님을 따랐는지 일률적으로 결론짓기는 어렵습니다. 예수님의 말씀을 글자 그대로 받아들여 열두 제자들처럼 가정과 직업까지 다 버린 사람들이었습니까? 극소수의 예를 제외하면 그들은 그렇게 하지 않았습니다. 그럼에도 그들은 주님에게 전적으로 헌신한 제자들이었습니다. 왜 그랬을까요?

그들은 항상 주님의 뜻에 복종하는 것을 가장 중요하게 생각하고 행했기 때문입니다. 그 복종의 형태가 어떻게 구체적으로 나타났는가는 각자의 형편에 따라 달랐습니다. 그것은 성령의 인도하심에 따라 결정되어야 할 문제였습니다. 그들은 종종 겪게 되는 모순이나 혼란 때문에 제자의 길을 포기하지 않았습니다. 그들에게 주인은 오직 예수님뿐이었고 그분을 향한 그들의 마음은 어린아이와 같이 단순하였던 것입니다.

○ ○ ○ ○ ○
복음의 증인

예수님이 제자들에게 위임한 궁극적인 일은 그를 증언(증거)하는 것이었습니다. 주님은 세상에서 자기를 증언할 사람들을 불렀습니다. 그래서 누가복음과 사도행전에서는 증언 혹은 증인이라는 말이 제자로 부르셨다는 말과 같은 의미로 자주 사용됩니다. 누가[18]는 이 용어를 두 가지 의미로 사용하고 있습니다. 하나는 예수님의 십자가와 부활 사건을 직접 목격한 사도[19]들이 그것을 전하는 경우와, 다른 하나는 사도들의 증언을 듣고 믿게 된 사람들이 그것을 다른 사람 앞에서 고백하거나 전하는 경우입니다.

스데반[20]은 사도들과 같은 직접적인 목격자가 아니었으나 증인으로 부르심을 받았습니다. 그리고 얼마 후 순교자가 되었습니다. 증인이라는 말과 순교자라는 말은 같은 어원에서 나온 것입니다. 당시에 예수님의 증인이 되는 자는 자기의 생명을 잃을 각오를 하지 않으면 안 되었습니다. 스데반 역시 순교가 그를 증인으로 만든 것이 아니라 그의 증언이 그를 순교자로 만들었습니다.

제자와 증언이 얼마나 밀접한 관계를 가지고 있는지 알려면 복음서와 사도행전에서 '보내다'(apostellō, pempō)라는 동사가 얼마나 자주 '제자'라는 말과 붙어서 사용되었는지 보면 됩니다. '보내다'라는 말은 무려 215번이나 사용되고 있는데, 거의 다 예수님이 제자들을 증인으로 파송하는 내용과 관계되어 있습니다.

그리고 누가는 제자들 가운데서 열두 명을 '사도'라는 특별한 이름으로 부르고 있는데, 이것 역시 '제자'는 '예수님의 증인'이라는 사실을 강력하게 시사하고 있습니다. 사도(apostolos)는 보냄을 받은 자라는 의미를 가지고 있기 때문입니다. 제자는 어디까지나 보냄을 받은 자이지 보내는 자가 아닙니다. 성경에서 사도라는 말이 보내는 행위를 나타내기 위해 사용된 예는 한 곳도 없습니다.

초대 교회에서 제자라고 불리던 수천 명의 남녀들이 얼마나 열렬한 예수님의 증인들이었는지 찾아보는 것은 어려운 일이 아닙니다. 그들은 어떤 강요나 명령에 의해 예수님을 증언한 사람들이 아니었습니다. 사도들이 그들에게 전도하라고 명령하는 장면을 한 번도 발견할 수 없다는 것은 놀라운 일입니다. 그들은 보고 들은 것을 말하지 않을 수 없도록 성령이 주시는 내적 충동이 있었던 것입니다(행 4:20 참조). 이는 초대 교회 당시 아무도 말릴 수 없는 열정과 용기를 가지고 예수 부활을 외쳤던 증인들의 행동 기준을 설명할 수 있는 중요한 근거가 됩니다.

예수님을 증언하는 전도나 고백이 성령이 주시는 내적 충동에 의해 일어나는 것이라면 이것은 성령을 받은 모든 성도가 받게 되는 일반적인 현상으로 보아야 할 것입니다. 성령은 하나님이 주신 선물입니다(행 2:38 참조). 성령이 임하시면 누구나 권능을 받고 예수님의 증인이 될 것이라고 하였습니다(행 1:8 참조).

우리는 전도가 은사라는 주장을 자주 듣습니다. 그러나 이것은 옳지 않은 견해입니다. 은사는 봉사를 위해 성령께서 주권적으로 각 사람에게 알맞게 나누어 주시는 선물입니다(고전 12:11 참조). 성경은 오순절에 제자들이 성령 받은 것을 은사라는 좁은 의미로 해석하지 않습니다. 그 사건 속에 은사의 요소가 들어 있었던 것이 사실이지만 그 당시의 성령 임재는 은사 이상의 큰 의미를 가지고 있었습니다.

만일 전도가 은사라면 전도하지 못하는 책임을 전적으로 성령에게 돌려야 할 것입니다. 그리고 전도를 전도의 은사를 받은 특정한 사람들의 전유물로 생각할 수 있을 것입니다. 만일 우리가 전도를 은사라고 주장한다면 성령이 교회에 오신 목적과 그가 결정한 교회의 사도적인 본질을 제한하는 과오를 범하고 말 것입니다.

우리 주변에는 입으로 예수님을 전하는 것을 은근히 경멸하면서 현대 사회에서는 말보다 행위로 전하는 것이 더 중요하고, 더 많은 효과를 거둘 수 있다고 주장하는 사람들이 적지 않습니다. 그러나 여기서 다시 한번 기억하는 것이 좋을 것입니다. 말로 전하지 않는 증언은 성경이 의미하는 증언이 될 수 없습니다. "전파하는 자가 없이 어찌 들으리요"(롬 10:14). 왜 들을 수 없습니까? 그 행동이 아무리 선하고 아름답다고 할지라도 말하지 않는 증언에는 구체적인 예수의 복음이 빠져 있기 때문입니다.

오늘날 우리의 문제는 입을 봉하고 있기 때문에 행위에서까지 악취가 난다는 것입니다. 예수님을 입으로 증언하는 사람치고 그 행위를 예수님과 같이 선하게 가지려고 노력하지 않는 예를 본 일이 있습니까? 제자훈련은 우리의 마음속에 살아 계신 예수 그리스도가 충만하도록 이끌어 주는 과정입니다. 그래서 이 과정을 거치는 우리는 예수님을 기쁘게 자랑하고 고백하게 될 뿐 아니라 우리 자신의 인격과 삶에도 그리스도의 향기가 가득히 묻어나게 됩니다. 여기에 제자훈련의 궁극적인 목표가 있는 것입니다.

○ ○ ○ ○
섬기는 종

'종'이라는 말은 낮은 신분을 나타내는 것으로, 제자가 된 사람이 그리스도 안에서 어떤 사람이 되어야 하는가를 이야기합니다. 또한 '섬기다'라는 말은 신분보다 기능을 강조하는 것으로, 그리스도를 자기의 주인으로 모신 제자의 생활이 어떠해야 하는가를 가르쳐 주고 있습니다.[21] 제자에게 종의 직분은 예수님이 보여 주신 모범이므로 피할 수가 없습니다. 예수님은 종의 몸을 입고 세상에 오셨습니다(빌 2:7-8 참조). 그리고 그는 종으로 한 세상을 사셨습니다. "나는 섬기는 자로 너희 중에 있노라"(눅 22:27).

예수님의 전 생애는 이 세상을 사랑하여 자기를 아끼지 아니하고 희생하는 헌신의 과정이었습니다. 마지막 유월절[22] 저녁 식사 자리에서 교만으로 목이 굳어 있던 제자들의 발을 손수 씻어 주면서 섬김의 본을 보이신 것은, 자신을 따르는 제자란 다른 사람이 아니라 섬기는 자라는 것을 행동으로 가르치신 산 교육이었습니다. "내가 주와 또는 선생이 되어 너희 발을 씻었으니 너희도 서로 발을 씻어 주는 것이 옳으니라 내가 너희에게 행한 것같이 너희도 행하게 하려 하여 본을 보였노라"(요 13:14-15).

예수님께서 십자가에서 자기 생명을 버린 것은 종으로서의 참모습을 마지막으로 확증하신 것입니다. "인자가 온 것은 섬김을 받으려 함이 아니라 도리어 섬기려 하고 자기 목숨을 많은 사람의 대속물로 주려 함이니라"(막 10:45).

제자의 복은 자신이 예수님의 종이며 주인보다 높지 못하다는 것을 알고 그대로 실천하는 데 있습니다. 아무리 섬기고 또 섬겨도 자기는 자랑할 것이 없는 무익한 종이라는 사실을 항상 잊지 않는 데서 제자의 영광이 따라옵니다. "이와 같이 너희도 명령받은 것을 다 행한 후에 이르기를 우리는 무익한 종이라 우리가 하여야 할 일을 한 것뿐이라 할지니라"(눅 17:10).

제자가 종 되신 예수님의 일에 동참하는 길은 고난 당할 준비를 하는 데 있습니다. 예수님께는 종이 되는 것과 십자가를 지는 것이 다르지 않았습니다. 제자의 사명은 생명을 잃을 각오를 하지 않으면 완수할 수 없습니다. 예수님께서 그의 제자들을 보내신 곳은 세상 임금이 주관하는 악한 세상입니다. 그래서 종은 주인이 마시는 잔을 함께 마셔야 하고(마 20:23 참조), 주인과 같이 환난을 당할 각오를 해야 합니다(요 16:33 참조). 이런 의미에서 "그리스도께서 사람을 제자로 부르신 것은 죽으라고 부르신 것이다"라는 말은 지나치지 않습니다.[23]

그러므로 종 된 제자의 입장에서는 생명을 내놓는 것이 사는 길이요, 생명을 아끼는 것은 죽는 길이 됩니다(마 16:24-25 참조). 다시 말해, 종과 고난은 함수관계를 가지고 있는 것입니다. 종 된 직분은 예수님을 따르는 제자의 인격과 삶에 부분적으로 위임된 것이 아니라 완전하게 위임된 것이며, 가끔씩 이행할 일이 아니라 계속적으로 실천해야 할 일입니다. 종으로서 고난받은 것은 제자도의 보증서나 다름없습니다(요 15:19 참조).

또 한 가지 잊지 말아야 할 것은 제자는 자원하여 종으로 섬긴다는 점입니다. 제자는 억지로 끌려온 노예가 아닙니다. 그는 기쁨으로 예수님의 종이 되는 사람입니다. 구약성경을 보면 주인을 사랑해서 자원하여 평생 그를 섬기는 종들이 있었습니다. 그들은 송곳으로 자기 귀에 구멍을 뚫고 다녔습니다. 할 수 없어 억지로 주인을 섬기는 자가 아니라 사랑하기 때문에 기쁜 마음으로 섬기는 종이라는 사실을 모든 사람에게 표현한 것입니다(출 21:5-6 참조).

예수님의 제자는 종이지만 자원하여 자기 귀에 구멍을 뚫은 종입니다. 억지로 섬기는 자가 아니기 때문입니다. 예수님의 제자는 자기 입의 말로 자신을 사랑의 법에 얽어매어 놓은 사람입니다. 그러나 그것을 결코 무거운 짐이라고 생각지 않는 사람입니다. 오히려 주님을 따르는 것을 즐거움이요 축복으로 알고 감사하는 사람입니다.

교회의 권위는 대접받는 데서 생기는 것이 아니라 섬기는 데서 생기는 것이라는 사실을 우리는 종종 망각합니다. 신앙 경력을 자랑하는 사람일수록, 믿음 좋다고 소문난 사람일수록, 새벽부터 기도 많이 한다는 사람일수록 종으로 섬기시던 예수님을 더 많이 닮아 가야 정상인데 실제로는 그 반대인 경우가 너무 흔하지 않습니까? 직분을 내세우거나 연륜을 내세우며 심지어는 세상 권력을 내세우며 교회에서 상석을 차지하려는 자들이 너무 많지 않습니까?

이처럼 세상 원리가 하나님 나라의 원리를 대신하는 우리네 교회에서는 세속적인 냄새가 끊임없이 피어오릅니다. 자연히 전도의 문을 막고 예수의 제자 되기를 스스로 포기한 자들이 큰소리를 치는 이상한 자리가 되는 것입니다. 제자훈련이 무엇입니까? 이와 같은 고질적인 병을 치유하는 것입니다. 제자훈련은 목회자와 평신도 모두를 낮은 자리로 내려앉게 하는 성령의 사역입니다. 제자가 되어 가는 길은 종이 되어 모든 것을 드리고 생명까지 드리는 길입니다.

우리는 지금까지 제자의 세 가지 요소에 대해 검토해 보았습니다. 누구든지 인격적 위탁자, 증인, 섬기는 종으로서의 요소들을 인격과 삶에서 온전하게 갖출 수 있다면 세상은 그에게서 예수님을 볼 수 있게 될 것입니다. 제자훈련의 절정은 우리를 투명하게 만들어 예수님이 투영되게 하는 데 있습니다. 다른 말로 하면, 작은 예수로서의 변화와 성숙을 세상이 볼 수 있게 하는 데 있습니다.

따라서 담임목사나 소그룹 지도자의 제자를 만들거나 목회의 한 방법으로 제자훈련을 하는 것이 아닙니다. 인격의 도야를 위해서나 교회 생활에 빨리 적응하기 위해, 혹은 성경적 지식을 습득하기 위해 제자훈련을 받으려 한다면 잘못 생각해도 한참 잘못 생각한 것입니다. 제자의 삶의 초점은 온전히 예수님께 맞추어져야 하며, 제자훈련 역시 이러한 제자의 삶을 살아가기 위한 연속선상에 놓여 있는 과정을 일컫는 것입니다.

제자훈련은 책상 앞에서 이루어지는 것이 아니라 삶 속에서 일어나는 역사이며, 예수님을 믿기 위해 받는 것이 아니라 부르심을 받은 제자의 삶을 살기 위해 받는 것입니다. 목표는 저 앞에 있습니다. 따라서 제자훈련은 훈련받는 자의 인격이 예수님을 닮아 가는 과정입니다. 초대 교회 성도들이 '작은 그리스도'라는 별명을 얻었던 것처럼 모든 성도들은 예수화되어야 합니다. 우리가 이미 살펴본 바와 같이 제자훈련은 무엇보다 사람을 바꾸어놓는 작업이 되어야 하며, 훈련의 과정에서 인격적 위탁이 중요한 이유가 여기에 있는 것입니다. 말씀과 성령의 감화를 가지고 온전한 삶을 살게 되어야 합니다(딤후 3:16-17 참조).

이런 의미에서 제자훈련은 지도하는 목회자나 훈련을 받는 평신도가 다 같이 동참하는 일종의 영적 몸부림이라고 할 수 있습니다. 우리가 육신을 입고 사는 이 세상에서는 아무도 완전하게 그리스도를 닮을 수 없습니다. 우리 모두는 똑같이 노상(路上)에 있는 자들인 것입니다. 아직 흠과 티가 없는 완전의 경지에 이르지 못하고 있습니다. 성령의 손에 부서지고 녹아져서 예수님의 모습으로 다시 빚어지는 과정에 있는 자들입니다.

예수 그리스도만이 제자훈련의 주제이고 표준이며, 목표입니다. 제자훈련에서 예수님을 빼버리면 남는 것이 하나도 없습니다. 제자훈련은 그 자체가 거듭나는 진통이요, 통회하고 자복하는 골방이요, 하나님의 은혜에 매달리는 겟세마네 동산인 것입니다. 이 사실을 알면 제자훈련을 몇 권의 교재를 마스터하는 프로그램으로만 오해하지는 못할 것입니다.

나의 직업이 무엇이든 내가 사는 환경이 어떠하든 간에 머무는 그곳에서 하나님의 이름이 거룩히 여김을 받을 수 있고 하나님의 뜻이 이루어지도록 최선을 다하는 소명자가 되는 과정이 제자훈련입니다. 교회가 정해 놓은 커리큘럼을 따라 2-4년 동안 정해진 시간에 모여서 공부하는 자리가 제자훈련의 전부가 아닙니다. 제자훈련은 평생에 걸쳐 개인에게 일어나야 하며, 이러한 성숙을 위해 교회가 모범적인 훈련의 장을 마련한 것이 제자 · 사역훈련이나 전도훈련, 기도훈련 등입니다. 그리고 하나 더 명심해야 할 것은 제자훈련은 성도 개인이 성경의 가르침을 따라 자발적으로 훈련받는 과정이라는 사실입니다.

주님은 우리 모두를 개인으로, 그리고 전 교회로 부르셨습니다.

2

십자가

길가에 주저앉아 기도가 힘들다는 배부른 소리는 하지도 마십시오.
기도하지 않고도 십자가를 질 수 있다는 교만은 내 힘으로
구원받을 수 있다는 교만과 같습니다.

십자가

우리는 모두 제자입니다. 한 분의 스승에게 한 가지 말씀으로 가르침을 받으며, 한 분의 주님을 섬깁니다. 그리고 한 길, 제자의 길을 걷습니다. 그러나 각자가 이 길을 걸으며 치르는 대가, 즉 헌신의 정도에는 차이가 있습니다. 그리고 대가를 치를 각오를 하고 제자의 길을 걸어가는 사람과 그렇지 않은 사람의 결과적 차이는 엄청납니다.

예수님에게 영생을 구했던 한 관리는 영생을 위해서는 모든 것을 버리고 예수님을 따라야 한다는 대답을 듣고 고민에 휩싸여 돌아섰습니다. 그는 큰 부자였기 때문입니다(눅 18:18-23 참조). 그가 포기해야 했던 것은 재물이지만 이것은 당신이 가지고 있는 그 소중한 것에도 동일하게 적용됩니다.

> 이에 예수께서 제자들에게 이르시되 누구든지 나를 따라오려거든
> 자기를 부인하고 자기 십자가를 지고 나를 따를 것이니라
> _마 16:24

각자의 십자가의 모양은 다를 수 있습니다. 그러나 중요한 것은 우리 모두에게는 자기가 져야 할 십자가가 있다는 것입니다. 이것은 목회자가 대신 져 줄 수 있는 것도 아니요, 가족이 대신 져 줄 수 있는 것도 아닙니다. 바로 내가 져야 할 십자가입니다. 그리고 감사한 것은 우리가 지고 갈 십자가의 무게보다 받게 될 영광이 더 크다는 사실입니다.

우리가 그와 함께 영광을 받기 위하여 고난도 함께 받아야 할 것이니라 생각하건대 현재의 고난은 장차 우리에게 나타날 영광과 비교할 수 없도다_롬 8:17-18

바울에게 그리고 바울의 편지를 받은 로마교회 성도들에게 각자의 십자가가 있었던 것처럼 우리에게도 우리의 십자가가 있어서 이것을 지고 예수님을 따라야 할 사명이 있습니다. 그리고 그 후에 주어질 영광은 이제껏 지고 온 십자가와는 비교도 할 수 없을 만큼 엄청난 것이라는 사실이 우리에게 큰 위로가 됩니다.

우리와 똑같은 예수님의 제자이지만 앞서 부르심을 받았던 열두 명의 제자는 어떻게 모든 것을 버리고 주님을 따랐습니까? 그리고 당신은 어떻게 모든 것을 버리고 주님을 따를 것입니까?

○ ○ ○ ○ ○ ○
첫 번째 제자들

제자들은 특별한 기준을 가지고 선택되지 않았습니다. 다만 주님이 부르실 때 '모든 것을 버리고' 따르는 자가 제자가 될 수 있었습니다. 수많은 사람들이 예수님의 주위를 맴돌았지만 제자로 부르심을 받은 자들은 많지 않았고, 부르심에 따르지 않은 자들도 있었습니다. 부르심을 받았을 때, 곧 모든 것을 버리고 일어나 따르는 자만이 제자가 될 수 있었습니다. 부르심의 기회는 단 한 번이었습니다.

예수님이 가장 먼저 부르신 베드로[24]와 그의 형제 안드레[25]는 일하던 자리에서 '그물을 버려두고' 예수님을 따라갔으며, 야고보[26]와 그의 형제 요한[27]은 아버지 세베대와 함께 배에서 그물을 깁다가 예수님이 부르시자 '곧 배와 아버지를 버려두고' 예수님을 따라갔습니다(마 4:18-22 참조). 그리고 세금 징수원이던 레위[28]는 세관에 앉아서 일을 하다가 예수님이 부르시자 '모든 것을 버리고' 일어나 예수님을 따라 갔습니다(눅 5:27-28 참조).

제자들이 예수님의 음성을 듣자마자 앉아 있던 자리에서 손에 쥐고 있던 모든 것을 '곧' 버리고 일어나 따르는 모습은 이해하기 힘들 만큼 아무렇지도 않게 묘사되고 있습니다. 이들은 부르심을 받기 전 마음의 준비를 할 기회가 없었으며, 부르심을 받은 후에도 전혀 고민하지 않고 재산과 직업과 심지어 가족까지 버리고 맨몸으로 주님을 따라나 섰던 것입니다.

이처럼 부르심은 갑작스럽게 다가올 수 있습니다. 그러나 과감히 '곧' 일어선 사람에게는 말할 수 없이 큰 영광이 기다리고 있습니다.

> 베드로가 여짜와 이르되 보소서 우리가 모든 것을 버리고 주를 따랐나이다 예수께서 이르시되 내가 진실로 너희에게 이르노니 나와 복음을 위하여 집이나 형제나 자매나 어머니나 아버지나 자식이나 전토를 버린 자는 현세에 있어 집과 형제와 자매와 어머니와 자식과 전토를 백 배나 받되 박해를 겸하여 받고 내세에 영생을 받지 못할 자가 없느니라_막 10:28-30

금세, 즉 이 세상에서도 버린 것을 백 배나 다시 받겠지만 고난을 겸하여 받는다고 하였습니다. 그리고 그보다 더 귀한 것은 반드시 천국에서 영생을 얻으리라는 말씀입니다. 그래서 우리에게는 손에 쥔 모든 것을 버리고 자신의 십자가를 지고 주님의 뒤를 따를 이유가 있는 것입니다.

예수님의 열두 제자 중 가룟 유다[29]와 요한을 제외한 제자들은 모두 예수님을 따랐다는 이유만으로 십자가에 거꾸로 못 박히거나, 십자가에 줄로 매달려 죽거나, 칼로 목이 베이거나, 끓는 기름솥에 들어가는 등의 극형을 당했습니다. 또는 기둥에 매달려 죽거나, 창에 맞아 죽거나, 활에 맞아 죽거나, 돌에 맞아 죽거나, 성전 꼭대기에서 떨어져 죽기도 했습니다.

열두 제자에 속하지는 않았으나 바울 역시 예수님의 증인이라는 이유로 격렬한 인생을 살았으며 후에 순교를 당했습니다.

> 내가 수고를 넘치도록 하고 옥에 갇히기도 더 많이 하고 매도 수없이 맞고 여러 번 죽을 뻔하였으니 유대인들에게 사십에서 하나 감한 매를 다섯 번 맞았으며 세 번 태장으로 맞고 한 번 돌로 맞고 세 번 파선하고 일 주야를 깊은 바다에서 지냈으며 여러 번 여행하면서 강의 위험과 강도의 위험과 동족의 위험과 이방인의 위험과 시내의 위험과 광야의 위험과 바다의 위험과 거짓 형제 중의 위험을 당하고 또 수고하며 애쓰고 여러 번 자지 못하고 주리며 목마르고 여러 번 굶고 춥고 헐벗었노라_고후 11:23-27

제자들을 박해하고 죽인 자들은 이들의 결국을 보고 이제 예수의 시대가 끝났다고 비웃었겠지만 2천 년 후에 이렇게 많은 성도들이 제자의 길을 걷게 될 줄은 예상치 못했을 것입니다. 이들이 흘린 순교의 피를 따라 지금 우리가 제자의 길을 걷고 있는 것입니다.

그러나 요즘 한국 교회에서 제자가 되는 것은 그리 어렵지 않은 듯합니다. 많은 사람들이 받을 영광만 바라고 제자의 길로 성큼 들어섭니다. 그러나 십자가는 영광의 물건이 아닙니다. 십자가는 '죽음'의 징표입니다. 내 십자가를 진다는 것은 나를 죽이고 나 대신 예수께서 사셔서 내 모든 의지를 스스로 박탈하는 것입니다. 이것은 목숨을 걸고 예수님을 믿었던 초대 교회 성도들에게만 해당하는 것이 아니라 교회가 지천인 이 땅의 성도들에게도 동일하게 요구되고 있습니다.

작은 예수로 살아가는 삶

우리는 각기 다른 모양의 십자가를 지고 가지만 목적지는 같습니다. 목적지가 같은 만큼 우리에게는 많은 길동무들이 있습니다. 같은 모습으로 닮아 가는 자매와 형제들이 있는 것입니다. 세상 사람들은 우리를 보며 예수님을 보고, 우리가 스칠 때 예수님의 향기를 맡습니다. 우리는 작은 예수입니다.

예수님은 복 있는 자가 되려면 마음을 비우고 슬퍼할 줄 알며, 온유하고 남을 불쌍히 여기며, 마음이 깨끗하고 화평하게 하며, 의를 위해 굶주리고 목말라야 한다고 말씀하셨습니다(마 5:3-12 참조). 예수님 닮기를 사모하는 사람은 날마다 이 교훈의 거울에 자기를 비춰 보면서 순종하지 않으면 안 됩니다.

오늘날 세상 사람들의 눈에 비치는 우리들의 이미지는 너무 참담합니다. 그들의 눈에 우리는 예수님을 믿지 않는 자들과 전혀 다를 게 없습니다. 성경을 들고 있다고 해서 우리를 특별하다고 생각하지는 않습니다. 어쩌다 이 지경까지 이르렀을까요. 예수님을 닮아 가야 하는 거룩한 목표를 상실했기 때문입니다. '너무 비현실적인 목표야. 이대로 사는 사람이 어디 있겠어. 믿음만 있으면 구원받는데…' 하는 등의 변명을 늘어놓으면서 예수님을 닮는 우리의 목표를 마치 응접실에 걸어 놓은 액자처럼 쳐다만 보며 신앙생활을 하는 데 그 원인이 있습니다.

예수님의 복 있는 사람의 조건에 대한 메시지는 분명합니다. 예수님의 제자는 하늘에 계신 하나님과 같이 온전해야 한다는 것입니다. 세상에서 부름 받은 제자는 땅에서부터 예수님을 닮는 것을 목표로 삼아 열심히 오르는 자가 되어야 한다는 것입니다.

내세의 구원을 외치는 자는 많지만 예수님의 제자가 되자고 외치는 자는 많지 않은 것이 우리의 현실입니다. 세상 사람들의 눈에 비친 우리의 모습이 이러한 현실을 잘 설명하고 있지 않습니까? 흠이 없는 자가 되어야 한다는 말이 아닙니다. 우리가 오를 정상이 어디인지를 분명히 하자는 것입니다. 그 정상은 '작은 예수'가 되는 것입니다. 그렇게 되려고 흉내라도 내야 합니다. 행함이 없는 믿음은 죽은 믿음입니다(약 2:26 참조).

영국의 어떤 술집 주인이 빌리 그레이엄(Billy Graham, 1918-2018) 목사의 전도집회에서 복음을 듣고는 마음의 변화를 얻어 "나, 예수 믿겠습니다" 하고 벌떡 일어나 앞에 나가서 무릎 꿇고 기도하고 돌아갔습니다. 그러고는 곧바로 자기 술집 앞에 종이를 하나 붙였는데, "나 엊저녁에 예수 믿었소. 오늘부터 술집 영업 안 합니다"라고 써 놓았다고 합니다.

이것이 믿음입니다. 어제와 오늘의 인생이 완전히 바뀌는 것이 믿음입니다. 이것은 기적처럼 저절로 일어나는 현상이 아니라 우리의 의지를 통해 행동으로 드러나는 믿음의 과정입니다.

아브라함[30]이 믿음의 조상으로 인정받게 된 데에는 그의 마음속 믿음뿐 아니라 행동으로 드러나는 믿음을 하나님이 보셨기 때문입니다. 아브라함은 백 세에 아들을 주신 이가 죽은 아들을 능히 살리실 수도 있다고 믿었습니다. 그래서 그는 늘그막에 얻은 아들을 바침으로 아들보다 하나님이 자신의 우선순위에 있음을 행동으로 증명했고, 그로 말미암아 우리의 신앙의 뿌리이며 믿음의 조상이자 하나님의 친구로 일컬음을 받았습니다.

제자로 사는 것은 제자처럼 생각하거나 제자처럼 말하는 것이 아닙니다. 자기 십자가를 '지고' 예수님이 사신 모습을 따라 '사는' 것입니다. 이것이 제자훈련의 핵심입니다. 그러나 현대 교회의 성도들은 예수님처럼 변하는 것은 점진성을 가지고 마지막 날에나 이루어지는 것이라는 점만 강조하여 "우리는 모두 인간인데…" 하며 눈감아 주는 현실주의에 곤두박질치고 있는 실정입니다. 이것이 바로 우리 한국 교회에 냄새가 진동하는 이유 중 하나일 것입니다. 작은 예수가 되라는 명령은 목회자뿐 아니라 모든 믿는 자에게 요구하시는 하나님의 표준입니다.

맥스 루케이도(Max Lucado)[31]는 이렇게 말했습니다. "하나님은 당신을 있는 그대로 사랑하신다. 그러나 그대로 두지는 않으신다. 하나님은 당신이 예수님처럼 되기를 원하신다." 헨리 나우웬(Henri Nouwen, 1932-1996)[32]은 더 강하게 이야기합니다. "진정한 구원은 그리스도가 되는 것이다. 진정한 구원은 우리가 예수 그리스도가 되는 것이다." 이것은 마지막 날에 얻게 될 변화를 이야기하는 것이 아닙니다. 지금 우리가 있는 자리에서 우리의 모습을 말하는 것입니다.

"그러므로 하늘에 계신 너희 아버지의 온전하심과 같이 너희도 온전하라"(마 5:48). 이것이 주님이 우리에게 요구하시는 수준입니다. 원수를 사랑하라는 명령도 부담스러워하는 우리에게 주님은 온전하라고 명령하십니다. 이 명령에 따르려고 몸부림치지 않는 한 우리가 배우고 외우는 말씀들은 결국 우리 입에서 맴도는 메마른 구호에 지나지 않을 것입니다.

○ ○ ○ ○ ○ ○ ○ ○ ○

하나님을 사랑하는 삶

모든 계명 중에 첫째가 무엇이니이까 예수께서 대답하시되 첫째는 이것이니…네 마음을 다하고 목숨을 다하고 뜻을 다하고 힘을 다하여 주 너의 하나님을 사랑하라 하신 것이요 둘째는 이것이니 네 이웃을 네 자신과 같이 사랑하라 하신 것이라 이보다 더 큰 계명이 없느니라_막 12:28-31

유대인들에게는 해야 하고, 또 하지 말아야 할 수많은 법이 있었습니다. 그것을 가르치던 한 종교인이 예수님에게 와서 그중 가장 큰 계명이 무엇이냐고 물었습니다. 예수님은 단 두 가지 계명을 말씀하셨습니다. "네가 네 자신을 사랑하는 것같이 하나님을 사랑하고, 또 그와 같이 이웃을 사랑하여라."

사랑하는 것은 행복하고 좋은 것인데, 제자가 되고 자기 십자가를 지는 어려운 헌신과 무슨 상관이 있느냐고 물을지도 모르겠습니다. 그러나 하나님을 사랑하고 이웃을 사랑하는 것이 사람이 자고 일어나

밥을 먹는 것처럼 자연스러운 일이었다면 예수님은 십자가에서 돌아가시지도 않았을 것입니다. 사람에게는 사랑할 힘이 없습니다.

이러한 우리가 하나님은 사랑할 수 있을까요? 사도 요한은 이렇게 대답합니다. "사랑은 여기 있으니 우리가 하나님을 사랑한 것이 아니요 하나님이 우리를 사랑하사 우리 죄를 속하기 위하여 화목제물로 그 아들을 보내셨음이라"(요일 4:10). 우리가 드릴 수 있는 최고의 사랑은 하나님이 우리를 사랑하신 모습을 최대한 투영하기 위해 노력하는 것뿐입니다.

암에 걸려 병원에서 1년 동안 치료를 받다가, 이제 마지막 고비에 들어선 한 남자를 만난 적이 있습니다. 이 남자는 그동안의 고된 치료 때문에 머리가 다 빠져서 모자를 쓰고 있었습니다. 그런데 그에게는 오랫동안 사랑한 여자가 있었습니다. 그 여자가 와서 마지막으로 그를 위해 봉사를 해 주고 있었습니다. 24시간 꼼짝도 않고 손과 발이 되어 주었습니다. 결혼하기 전인데도 이 남자의 대소변 수발까지 다 했습니다.

내가 그것을 지켜보고 있는데, 남자가 여자에게 이렇게 말했습니다. "너, 나 죽으면 따라 죽을 거야? 죽기 전에 나랑 결혼하자." 그 여자가 헌신적으로 봉사하는 모습을 보니 정말 무덤에 같이 들어갈 것 같았습니다. 그러나 여자는 아무 대답도 하지 않았습니다. 그리고 장례 치르는 날 한 번 기절하고는 그 뒤로 소식이 없었습니다. 인간이 하는 사랑에는 한계가 있습니다. 누가 나를 위해 피를 흘려 줄 수 있겠습니까? 누가 나를 대신하여 죽어 줄 수 있겠습니까?

의인을 위하여 죽는 자가 쉽지 않고 선인을 위하여 용감히 죽는 자가 혹 있거니와 우리가 아직 죄인 되었을 때에 그리스도께서 우리를

십자가

●

47

위하여 죽으심으로 하나님께서 우리에 대한 자기의 사랑을 확증하
셨느니라_롬 5:7-8

그러나 하나님은 우리를 어떻게 사랑하셨습니까? 성경에는 모든
것을 아시고 모든 것을 가지신 그분이 우리를 향해 급히 뛰어오시는
장면이 등장합니다. 예수님은 먼 나라에 가서 허랑방탕하여 아버지에
게서 미리 받은 유산을 탕진하고 돌아오는 아들에 대한 이야기를 하
나님과 우리의 관계에 대한 비유로 가르쳐 말씀하셨습니다. 아들은
모든 것을 잃고 낮아질 대로 낮아진 후에야 결국 아버지에게로 돌아
갈 것을 결심합니다. 그러나 아버지의 마음은 달랐습니다. "아직도 거
리가 먼데 아버지가 그를 보고 측은히 여겨 달려가 목을 안고 입을 맞
추니"(눅 15:20).
　아들의 모습을 알아보기에는 아직 먼 거리였는데도, 늘 집 앞에 나
와 기다리시던 우리 아버지는 우리의 남루해진 모습을 보고 불쌍히
여겨 달려와 안아 주시는 것입니다. 하나님의 조급한 심정은 성경에
단 한 번, 바로 우리를 기다리시는 아버지의 모습에서 나타납니다.
　이렇게 사랑 많으신 아버지에게서 너무 멀리 떠나지 않기 위해, 아
버지가 너무 오래 우리를 기다리시게 하지 않기 위해 우리가 끊임없
이 이어가야 하는 것이 바로 기도생활과 말씀생활입니다. 말씀으로
하나님의 뜻을 듣고 기도로 아뢰는 생활을 쉬지 않는 것이 제자의 삶
에서 드려져야 할 일순위입니다. 이 생활이 끊어진 자는 아버지를 떠
나 먼 나라에서 허랑방탕하여 가진 것을 모두 써 버린 아들처럼 잠깐
받은 은혜를 소진하고 쓰러지게 됩니다.
　기도로 하나님과 교통하며 말씀을 읽고 깨달아 행하는 것은 제자의
의무이기 이전에 제자가 가진 특권입니다. "너희는 다시 무서워하는

종의 영을 받지 아니하고 양자의 영을 받았으므로 우리가 아빠 아버지라고 부르짖느니라"(롬 8:15). 오직 자녀만이 아버지를 아버지라 부를 수 있고, 아버지 역시 오직 자녀의 음성만 들으십니다.

이탈리아의 어느 작은 마을에 동상 하나가 서 있는데 이것은 개의 모습을 한 동상입니다. 이 동상의 주인공인 개는 물에 빠졌다가 죽기 일보 직전에 어떤 신사의 손에 구출되었습니다. 그리고 그 신사는 그 개를 집에 데려다가 키웠습니다.

짐승에 불과하지만 이 개는 주인의 은혜를 알았습니다. 얼마나 주인을 따르고 사랑했는지 주인이 직장에 갈 때는 매일 버스 정류장까지 따라와서 주인을 전송하고, 주인이 직장 일을 마치고 버스를 타고 다시 퇴근할 때쯤 되면 먼저 가서 정류장에서 기다렸습니다. 이렇게 주인을 생명처럼 섬겼는데, 제2차 세계대전이 터졌을 때 주인이 타고 돌아오던 버스가 폭탄을 맞아 그만 목숨을 잃고 말았습니다. 그 개는 그날도 어김없이 정류장에 나와서 주인을 기다렸습니다. 아무리 기다려도 주인은 나타나지 않았으나, 개는 낮이고 밤이고 그 자리를 떠나지 않았습니다.

결국 그 개는 장장 13년 동안 주인이 돌아오기를 기다리다가 그 정류장에서 죽었습니다. 그래서 사람들이 그 자리에 동상을 세운 것입니다. 자기를 죽을 자리에서 건져 준 주인을 잊지 못하는 짐승도 있는데, 영원한 생명을 주시기 위해 죄 없는 몸으로 친히 오셔서 나를 위해 십자가에 달려 죽으신 예수 그리스도를 보면서도 그 은혜를 알지 못하는 사람들이 얼마나 많습니까?

규칙적으로 기도하거나 말씀을 보는 것이 힘들다고 죄책감을 갖고 고민하는 성도들이 더러 있습니다. 그러나 매일매일 오랫동안 기도해도 지치지 않고, 규칙적으로 시간을 할애해서 말씀을 보는 것이 어렵지 않은 사람이 과연 있을까요? 예수님에게도 기도는 의지를 드리고 힘써서 해야 하는 일이었습니다. "예수께서 힘쓰고 애써 더욱 간절히 기도하시니 땀이 땅에 떨어지는 핏방울같이 되더라"(눅 22:44). "그때에 예수께서 성령에게 이끌리어 마귀에게 시험을 받으러 광야로 가사 사십 일을 밤낮으로 금식하신 후에 주리신지라"(마 4:1-2).

예수님이 배고픔을 참으며 금식하셨던 것처럼, 신앙생활은 누구에게나 어렵고 희생을 감수해야 하는 일입니다. 그렇지 않다면 주님은 우리에게 좁은 길을 가라고 말씀하지 않으셨을 것입니다. 주님이 주시는 말씀으로 늘 새롭게 힘을 얻지 않으면 제자의 길을 걷는 것은 불가능합니다. 길가에 주저앉아 기도가 힘들다는 배부른 소리는 하지도 마십시오. 기도하지 않고도 십자가를 질 수 있다는 교만은 내 힘으로 구원받을 수 있다는 교만과 같습니다.

◦ ◦ ◦ ◦ ◦ ◦ ◦ ◦ ◦ ◦ ◦
이웃을 내 자신같이 사랑하는 삶

> 누구든지 하나님을 사랑하노라 하고 그 형제를 미워하면 이는 거짓 말하는 자니 보는 바 그 형제를 사랑하지 아니하는 자는 보지 못하는 바 하나님을 사랑할 수 없느니라_요일 4:20

뒷소리 잘하고 얌체 같은 짓만 하던 옆집 여자가 주일 아침만 되면 곱게 한복을 차려 입고 교회 정문에 서서 천사의 미소를 지으며 인사를 나누는 김 집사가 될 수는 없습니다. 아니 겉모습은 그렇다 할지라도 그건 진짜가 아닙니다. "내가 진실로 너희에게 이르노니 너희가 여기 내 형제 중에 지극히 작은 자 하나에게 한 것이 곧 내게 한 것이니라"(마 25:40).

내 이웃에게 나누는 것이 하나님께 드리는 것이요, 내 이웃을 섬기는 것이 하나님을 섬기는 것입니다. 이것은 교회 공동체 안에서나 일터에서나 가정에서나 동일한 원칙입니다. 교회에서 보이는 얼굴과 직장에서 보이는 얼굴과 가정에서 보이는 얼굴이 같지 않은 우리는 예수님이 비유로 말씀하신 일만 달란트[33] 빚진 자와 다를 바 없습니다.

한 임금에게 일만 달란트를 빚진 종이 도저히 채무를 갚을 능력이 없어 아내와 자식들을 팔아야 할 지경에 이르게 되었습니다. 그런데 이 종이 엎드려서 "조금만 기다려 주시면 곧 빚을 갚겠습니다"라고 사정하자 임금은 그를 불쌍히 여겨 빚을 탕감해 주었습니다. 감사한 마음으로 자리에서 물러난 종은 집으로 돌아가는 길에 자기에게 백 데나리온[34]을 빌려 간 친구를 만나는데, 그는 당장에 친구의 멱살을 잡고 흔들며 빚을 갚으라고 독촉합니다. 그리고 조금만 더 기다려 달라고 애원하는 친구를 붙들어 빚을 갚도록 감옥에 집어넣었습니다. 이게 바로 은혜받은 우리, '천부여 의지 없어서' 손 들고 오는 김 집사의 모습 아닙니까?

이러한 우리의 처지를 늘 깨닫고 눈물로 무릎을 꿇으면서도 이웃 앞에 서기만 하면 우리의 혀는 쉴 새 없이 불평하고 낙심하며, 자매와 형제에게 빚을 갚으라고 독촉하며 멱살을 잡습니다. "혀는 능히 길들일 사람이 없나니 쉬지 아니하는 악이요 죽이는 독이 가득한 것이라 이것으로 우리가 주 아버지를 찬송하고 또 이것으로 하나님의 형상대로 지음을 받은 사람을 저주하나니 한 입에서 찬송과 저주가 나오는도다"(약 3:8-10). 하나님을 사랑하는 모습과 이웃을 미워하는 모습이 우리에게 공존한다면, 결국 둘 중 하나는 진짜가 아닌 셈입니다.

우리가 어디 이웃사촌들에게만 범죄합니까? 교회 안에서 같이 봉사하는 형제자매에게 눈을 흘기지 않았습니까? 나란히 앉아 아름다운 모습으로 예배드리고 온 가족들에게 상처 주지 않았습니까? 나를 통해 하나님의 사랑을 이웃에게 전달하는 것이 제자훈련의 첫걸음이자 마지막 종착점입니다.

산돌 손양원(1902~1950) 목사는 여수의 애양원교회에서 나병 환자들을 위한 삶을 살았던 사람입니다. 일평생 남을 위한 삶을 산 그였으나, 정작 자신은 두 아들을 십 대의 젊은 나이에 1948년에 일어난 여수·순천 10.19사건으로 먼저 천국으로 보내는 아픔을 겪어야 했습니다.

여수·순천 반란이 진압된 후 손 목사의 두 아들 동인, 동신을 죽인 자들 중의 하나인 '안재선'이라는 자도 체포되어 총살을 당할 상황에 직면했습니다. 그 소식을 들은 손 목사는 계엄 사령관에게 찾아가서 "나의 죽은 아들들은 결코 자기들 때문에 친구가 죽는 것을 원치 않습니다. 그 애들은 친구의 죄 때문에 이미 죽었습니다. 만일 이 학생을 죽인다면 그것은 동인, 동신 형제의 죽음을 값없이 만드는 것입니다"라고 하면서 그 학생의 석방을 간청하였습니다. 그의 간청은 받아들여져 안재선은 석방되었으며, 손 목사는 죽은 두 아들 대신 그를 양자로 들였습니다. 다음은 손양원 목사가 아들들의 장례식에서 고백한 마지막 인사입니다.

"여러분, 내 어찌 긴 말의 답사를 드리리요. 내가 아들들의 순교를 접하고 느낀 몇 가지 은혜로운 감사의 조건을 이야기함으로 대신할까 합니다. 첫째, 나 같은 죄인의 혈통에서 순교의 자식들을 나오게 하였으니 하나님께 감사합니다. 둘째, 허다한 많은 성도들 중에 어찌 이런 보배들을 주께서 하필 내게 주셨는지 그 점 또한 주께 감사합니다. 셋째, 3남 3녀 중에서 가장 아름다운 두 아들 장자와 차자를 바치게 된 나의 축복을 하나님께 감사합니다. 넷째, 한 아들의 순교도 귀하다 하거늘 하물며 두 아들의 순교이리요. 하나님, 감사합니다. 다섯째, 예수 믿다가 누워 죽는 것도 큰 복이라 하거늘 하물며 전도하다 순교당함이리요. 하나님, 감사합니다.

여섯째, 미국 유학 가려고 준비하던 내 아들, 미국보다 더 좋은 천국 갔으니 내 마음 안심되어 하나님께 감사합니다. 일곱째, 나의 사랑하는 두 아들을 총살한 원수를 회개시켜 내 아들로 삼고자 하는 사랑의 마음을 주신 하나님께 감사합니다. 여덟째, 내 두 아들의 순교로 말미암아 무수한 천국의 아들들이 생길 것이 믿어지니 우리 아버지 하나님께 감사합니다. 아홉째, 이 같은 역경 중에서 이상 여덟 가지 진리와 하나님의 사랑을 찾는 기쁜 마음, 여유 있는 믿음 주신 우리 주 예수 그리스도께 감사, 감사합니다. 끝으로 나에게 분수에 넘치는 과분한 큰 복을 내려 주신 하나님께 모든 영광을 돌립니다.

이 일들이 옛날 내 아버지, 어머니가 새벽마다 부르짖던 수십 년간의 눈물로 이루어진 기도의 결정이요, 나의 사랑하는 한센 병자 형제자매들이 23년간 나와 내 가족을 위해 기도해 준 그 성의의 열매로 믿어 의심치 않으며 여러분께도 감사드립니다."

손양원 목사는 한국 전쟁이 일어나자 동료와 신도들의 피난 권유를 거절하고 행동이 부자유한 나병 환자들과 교회를 지키다가 인민군에게 총살당하여 그의 일생을 마쳤습니다.[35]

"너는 네 형제를 마음으로 미워하지 말며…원수를 갚지 말며…이웃 사랑하기를 네 자신과 같이 사랑하라"(레 19:17-18). 받은 은혜에 비하면 너무 쉬운 명령인 셈입니다. 그러나 이 땅에서 살아가는 우리에게는 미워하는 티를 내지 않는 것만도 힘든 일입니다. 그런 우리에게 주님은 사랑하기까지 하라고 하십니다. 제자에게 요구하시는 목표는 바로 자신을 죽인 죄인들을 사랑하여 양자 삼으신 하나님 당신이십니다.

> 또 산을 옮길 만한 모든 믿음이 있을지라도 사랑이 없으면 내가 아무것도 아니요 내가 내게 있는 모든 것으로 구제하고 또 내 몸을 불사르게 내줄지라도 사랑이 없으면 내게 아무 유익이 없느니라
>
> _고전 13:2-3

진정한 기적이 무엇입니까? 남들 눈에는 보이지 않는 신비한 것을 보고, 불치병이 낫고, 하늘의 해가 멈추는 것이 기적입니까? 아닙니다. 반항하던 자녀가 부모의 품으로 돌아오는 것이 기적이요, 성도를 핍박하던 자가 무릎 꿇고 회개하는 것이 진정한 기적의 역사입니다. 이것은 돈이나 노력으로 가능한 것이 아니라 사랑으로라야 가능한 것입니다. 사랑은 믿음과 선행에 절대 우선하며, 사랑은 기적을 만듭니다.

그래서 제자 된 우리는 모든 것에 우선하는 사랑의 은사 받기를 간절히 사모해야 합니다. 사랑할 수 없는 우리가 우리 몸을 쳐서 복종시켜 명령하신 대로 사랑하는 것이 일상에서 드릴 영적 예배, 거룩한 산 제사인 것입니다. "그러나 이 모든 일에 우리를 사랑하시는 이로 말미암아 우리가 넉넉히 이기느니라"(롬 8:37). 아멘.

3

제자들

초대 교회에는 자연적 제자훈련과 영적 승법 번식이
각 가정과 교회에 일어나 자연적 성장을 이루었으나,
지금은 목회자에 대한 맹신과 수동적인 말씀 공부의 형태에 젖어
평신도들이 스스로의 역량을 제한하고 있는 상태입니다.
이러한 상황에서 벗어나 초대 교회의 정신을 살려
평신도 중심의 교회를 세우는 과정이 바로 제자훈련입니다.

제자들

제자입니까? 일단 부르심을 받았다면, 그 부르심에 반응하는 것은 부름 받은 자의 자유의지에 달려 있습니다. 지난 수천 년 동안 수많은 사람들이 우리와 동일한 부르심을 받고 적극적 또는 소극적으로 반응했으며, 일단 어떤 식으로든 반응한 후에는 자신이 소유한 모든 것과 생명까지도 귀하게 여기지 않게 되었습니다.

하나님과 평생 동행하다가 하나님이 너무 사랑하신 나머지 세상에서 데려가신 에녹[36](창 5:24; 히 11:5 참조)에서부터 예수님의 그림자로 불리는 요셉,[37] 우상을 섬기는 선지자 450명을 대항해 하나님의 살아 계심을 증명한 엘리야,[38] 예수의 메시아 되심을 믿는다는 이유 하나만으로 맹수의 밥이 된 수많은 초대 교회의 성도들, 조선 땅에 복음을 전하다가 죽어간 무명의 선교사들과 그의 가족들, 그리고 그들을 위해 평생을 기도하며 물질로 섬겼던 세계 곳곳의 후원자들과 지금 한국 교회 안에서 소리 없이 제자의 삶을 살아가고 있는 골방에서 무릎 꿇는 성도들. 이제 이 위대한 평신도들의 명단에 당신의 이름을 새겨 넣으십시오!

위대한 평신도 사역자들

교회 역사를 돌이켜 봅시다. 교회가 시작되면서 처음에는 평신도가
자기 위치를 바로 지키고 있었습니다. 신약시대의 교회와 그 후 2세
기 동안의 교회는 평신도 중심의 교회였습니다. "(당시) 기독교의 복음
을 선포하는 일을 담당한 주역들이 교회 안에서 어느 부류에 속한 사
람들이었는지를 알아보는 것은 불가능한 일이 아니다. 주저하지 않고
우리가 믿을 수 있는 사실은 기독교의 위대한 선교 활동이 실제로 성
공할 수 있었던 것은 바로 비공식적인 선교사들(평신도) 덕분이었다는
것이다."[39]

평신도가 제구실을 하던 교회의 생명은 매우 짧아서 얼마 안 가 암
흑기를 맞게 되었지만, 교회 역사를 통해 어두운 시대를 자주 밝혀
주었던 개혁의 횃불들은 거의 모두 평신도의 손에 들려 있었습니다.
14세기의 위클리프(Wycliffe) 운동[40]이 그러하였고, 루터(Martin Luther,
1483-1546)[41]의 종교개혁 역시 수많은 평신도들이 이끌어 갔던 시대적
인 각성 운동이었습니다. 개혁과 부흥의 시대는 대개 평신도가 재기하
는 때였고, 침체와 타락의 시대는 성직자들이 횡포하는 때였습니다.

따라서 평신도가 잠자고 있거나 주저앉아 있는 교회는 절대로 건강
할 수 없습니다. 목회자와 평신도 사이를 갈라놓는 선이 희미한 교회
일수록 성령의 창조적 사역이 훨씬 활발하게 일어나는 현장이 될 수
있습니다. 첫 번째 종교개혁이 목회자들이 독점하던 하나님의 말씀을
평신도들의 손에 넘겨 준 것이라면, 두 번째 개혁은 목회자들이 독점
하는 사역을 평신도들의 손에 넘겨 주는 것입니다.[42]

학교에서 신학을 전공하고 안수받은 목회자와 동일하게 평신도 역시 파트타임 혹은 풀타임 사역자로 일하며, 사역의 주체가 된 입장에 있어서는 목회자와 다름이 없습니다. 이것은 평신도가 목회의 조력자로서 교회에 존재하는 것이 아니라 하나님께 예배하는 주체로 존재하기 때문입니다. 강단에서 말씀을 전하는 사역이 특히 두드러지는 모양을 띄긴 하나, 그렇다고 평신도들이 예배당 곳곳에서 이름 없이 감당하고 있는 사역이나 받은 은사보다 더 중요한 것은 아닙니다. 하나님은 백성에게 말씀을 전하는 선지자들과도 함께하셨지만, 양 떼를 지키던 다윗과도 함께하셨습니다.

바울이 로마서를 통해 안부를 전했던 초대 교회의 평신도 사역자들을 봅시다(롬 16장 참조). 겐그레아교회의 일꾼 뵈뵈, 이방인들에게 복음을 전하기 위해 자기들의 목까지도 내놓았던 브리스가와 아굴라 부부, 성도들을 위하여 많이 수고한 마리아, 바울과 함께 갇혔던 안드로니고와 유니아, 암블리아, 우르바노…. 이들은 모두 로마교회와 각 가정 교회[43]를 위해 수고했던 평신도들이었습니다.

바울은 로마서 16장에서 40여 명의 평신도들의 이름을 열거하면서 이들을 가리켜 자신의 보호자, 동역자, 친척 또는 자신의 사랑하는 자라고 불렀습니다. 이들은 모두 바울의 동역자로 일했지만, 소극적으로 사역에 임한 것이 아니라 자신의 목숨까지 내놓았던 자들이었습니다. 이런 의미에서 이들의 사역을 단순히 바울을 조력한 것으로 국한하기보다는 주체적인 평신도 사역이라고 부르는 편이 더 나을 것입니다.

바울은 로마서를 자신에게 받아 로마교회에 직접 전달한 뵈뵈를 겐그리아교회의 일꾼이라고 불렀는데, 여기서 일꾼은 집사라는 말과 같은 단어로 쓰입니다. 그 당시에 여집사의 공식적인 직분이 있었는지는 알 수 없지만, 초대 교회 시절이나 지금이나 교회 안에서 여성의 위치는 매우 중요합니다. 특비 바울은 뵈뵈를 여러 사람과 자신의 보호자라고 로마교회에 소개하고 있습니다(2절 참조). 양가죽 위에 써서 둘둘 말아 보냈을 로마서는 그 무게도 만만치 않았겠지만, 로마 군인들이 곳곳에서 감시하는 가운데 그 귀한 편지를 지니고 먼 길을 움직였을 뵈뵈는 아마 고린도교회에서도 인정받는 믿음직한 사역자였을 것입니다.

또 한 팀의 유명한 평신도 사역자들이 있습니다. "그리스도 예수 안에서 나의 동역자들인 브리스가와 아굴라에게 문안하라 그들은 내 목숨을 위하여 자기들의 목까지도 내놓았나니 나뿐 아니라 이방인의 모든 교회도 그들에게 감사하느니라"(3-4절). 당시 일반적인 통례로는 남편의 이름을 아내 이름 앞에 붙이는 것이 당연하였으나, 이 부부는 아내의 이름이 먼저 나와 있습니다. 신분상의 차이 때문이라는 설도 있으나 어떻든 교회 안에서는 직분뿐 아니라 성별도 성도의 신분을 가름하는 기준이 될 수 없다는 사실을 반증하고 있습니다.

이들은 본래 천막을 만드는 것을 업으로 삼던 유대인들이었는데, 바울을 만나 회심하고 로마에서 고린도로 이주해 바울과 함께 천막을 만들며 고린도교회를 개척하는 일에 힘썼습니다. 그리고 바울이 에베소로 전도여행을 떠날 때 이들도 함께 에베소로 떠나 에베소교회를 개척했고, 후에 클라우디우스(Claudius, B.C.10-A.D.54) 황제의 추방령이 해제되자 다시 로마로 돌아가 로마교회를 섬기는 일에 전력을 다했습니다.

가장 놀라운 사실은 이들의 가정이 항상 교회로 사용되었다는 것입니다. "또 저의 집에 있는 교회에도 문안하라"(5절). 이들은 고린도에서 자기 집을 교회로 개방했으며, 에베소에 가서도 로마에 가서도 자신들의 가정을 교회로 드렸습니다. 사실 가정을 개방했던 평신도는 이들뿐이 아니었습니다. 그 당시 교회는 대부분 한 가정 또는 여러 가정의 집을 빌려 예배를 드릴 수밖에 없었으므로 많은 평신도들이 자신의 가정을 개방하여 교회로 사용했습니다. 따라서 로마교회, 고린도교회, 에베소교회 등 당시 교회들을 일컬었던 이름은 한 건물로 세워진 교회가 아니라 로마 지역, 고린도 지역, 에베소 지역의 여러 가정교회들을 통칭하여 일컫는 명칭이었을 것이라는 설이 가장 설득력 있습니다.

브리스가 부부 외에도 바울이 "온 교회를 돌보아 주는"(23절)이라고 한 가이오의 가정이나 '아리스도불로의 권속,[44] 나깃수의 가족, 아순그리도와 블레곤과 허메와 바드로바와 허마와 및 그들과 함께 있는 형제들, 빌롤로고와 율리아와 또 네레오와 그의 자매와 올름바와 그들과 함께 있는 모든 성도' 역시 하나의 가정 교회를 이루었던 성도들과 평신도 사역자들이었을 것입니다(10-15절 참조). 바울은 이들에게 마지막으로 이렇게 안부를 전합니다. "너희가 거룩하게 입맞춤으로 서로 문안하라 그리스도의 모든 교회가 다 너희에게 문안하느니라"(16절).

이 평신도들의 가정은 그들의 교회였고, 가정 안에서의 이들의 모습은 교회 안에서의 모습이었습니다. 드러내 놓고 신앙생활을 할 수는 없었으나, 전 유럽과 아시아 지역에 흩어져 있던 모든 평신도들의 가정 교회가 바울의 편지를 통해 서로에게 문안하는 모습은 그리스도께서 머리 되신 교회의 지체들이 연합하는 것이 무엇인지 잘 보여 주고 있습니다.

수십 명 남짓했던 사도들이 이 많은 교회들을 다 돌볼 수는 없었을 것입니다. 결국 여기저기에 흩어져 있던 가정 교회에서는 각 교회의 평신도 사역자들이 말씀을 가르치고 다른 가정 교회와의 연합을 위해 노력해야 했습니다. 드러내 놓고 만나지 못하던 이 교회들이 하나의 신앙을 가지고 성장해 지금에 이르게 된 것은 정말 하나님의 은혜라 하지 아니할 수 없으며, 평신도 사역자들의 역할이 결코 소극적이지 않았음을 보여 줍니다.

주후[45] 1-3세기, 로마 제국의 기독교 박해가 극에 달하자 성도들은 로마 시내에서 근교까지 지하로 이어져 있던 공동묘지인 카타콤(Catacomb)에서 공동체 생활을 하기도 했습니다. 카타콤에서 태어나 카타콤에 묻힌 수많은 성도들은 평생 햇빛을 보지 못했을지도 모르겠으나, 성도들과 함께 찬양하고 기도할 수 있었다는 것만으로도 감사하며 주님 곁으로 돌아갔습니다. 어머니가 죽으면 아들이 어머니를 묻고 그 곁에서 찬양하다가 아들이 죽으면 다른 성도들이 그 아들을 어머니 곁에 묻어 주는 삶을 살았던 것입니다. 말씀을 전하던 지도자가 잡혀가 순교하면 또 다른 평신도 지도자가 일어나 성도들을 가르치고, 부인들이 일어나 성도들을 가르쳤습니다. 평신도들이 살아 있는 현장이었습니다.

사실 최근 들어 교회 내에서의 목회자의 권위에 대한 맹신을 깨자는 의견이 각층에서 제시되고 있지만, 평신도들의 주체적인 사역 참여에 대한 목소리는 그만큼 높지 않은 것 같습니다. 수레바퀴는 그 모양과 크기가 같아야만 수레가 앞으로 나갈 수 있습니다. 두 개의 바퀴 중 어느 하나가 더 크거나 작다면 계속 같은 자리를 맴돌 수밖에 없는 것입니다. 작은 바퀴의 크기를 똑같이 키운다면 수레는 더 빨리, 더 힘 있게 앞으로 전진할 수 있을 것입니다. 우리는 지금 큰 바퀴가 작아져야 한다는 목소리만 높이고 있는 것은 아닙니까?

우리 개개인에게 성령이 임하셨고 우리에게 말씀하시고 우리를 위해 중보하시는 이가 우리 안에 계시는데 어떻게 책임을 남에게 돌릴 수 있겠습니까? 한국 교회의 미래는 가정에서, 소그룹에서, 교회 식당에서, 예배당에서 이름 없이 수고하고 있는 수많은 뵈뵈와 수많은 브리스가와 아굴라에게 달려 있습니다.

한국 교회의 뿌리

1865년 9월 4일, 스물여섯 살의 한 백인 남자가 조선 땅에 발을 디뎠습니다. 그는 황해도와 평안도 연안에서 두 달 반 동안 머물면서 조선어 방언과 단어들을 사사로이 기록했으며, 한편으로는 작은 책을 들고 다니며 사람들에게 비밀스럽게 나눠 주었습니다. 그런 후 이 젊은이는 조용히 북경으로 돌아갔습니다.

젊은이가 뿌린 책은 순식간에 조선 땅 전역에 퍼져나갔습니다. 북경에 동지사(冬至使, 조선 시대에 매년 동짓달에 중국으로 보내던 사신)로 왔다가 이 젊은이를 만난 박가(朴家)라는 사람은 평양에서 이 책을 한 권 얻어 주의 깊게 숙독했다면서 이렇게 말했습니다. "야소교[46] 책이 매우 좋소이다…." 어떤 사람은 서해안에 뿌려졌던 것과 똑같은 책을 구해달라는 쪽지를 몰래 한문으로 적어 북경에 있던 이 젊은이, 바로 한국 최초의 개신교 선교사 토마스(Robert Jermain Thomas, 1840–1866)에게 전했습니다.

자신이 뿌리고 온 씨앗이 차츰 열매를 거두는 것을 본 토마스는 더이상 북경에 머물러 있을 수가 없었습니다. 그는 조선 선교를 위해 평생을 바치기로 헌신하고, 병인교난(丙寅敎難)[47]이 시작되던 1866년 제너럴 셔먼호의 조선어 통역관으로 다시 조선을 방문했습니다.

1866년 8월 9일 즈푸를 떠난 제너럴 셔먼호는 백령도를 거쳐 장산

곳을 지나 진남포 쪽으로 올라갔습니다. 도중에 토마스 목사는 먼저 백령도 주민들에게 성경을 여러 권 나누어 주었으며, 강서군 초리면 포리에서는 하루 머무르는 동안 외국 배를 구경하러 온 홍신길이라는 19세의 청년을 초청해 이야기를 나누고 성경을 전달했습니다. 처음에 무슨 책인지도 모르고 받았던 홍신길은 그것이 기독교 책이라는 이야기를 듣고 얼마 후 강에 내던졌습니다.

그러나 여러 해가 지난 후 그는 마침내 교인이 되었으며, 하리교회 설립자 가운데 한 사람이 되었습니다. 다음은 홍신길 성도가 오문환 성도에게 한 말입니다.

"내가 정식으로 신자가 되기는 지난 을미년이었습니다. 그러나 복음의 종자를 받기는 지금으로부터 63년 전 병인년 포리에 있을 때 토마스 목사에게서 받았습니다. 81세의 늙은 것을 아직도 하나님께서 세상에 남겨 두신 것은 아마 토마스 목사의 전도 사적을 증거하라 하심인가 보외다."[48]

이튿날 제너럴 셔먼호는 다시 출발하여 계속 거슬러 올라가던 중 석호정에 이르렀습니다. 이때는 이미 소문이 널리 퍼져 수많은 사람들이 구경을 하러 나왔습니다. 그중에 또 한 사람 김영섭이라는 청년이 토마스에게서 성경과 전도지를 받아 가지고 돌아갔습니다. 그 후 그는 그 책을 읽고 감화받아 아들 종권과 친척 되는 김성집에게도 읽도록 권유하였습니다. 이 둘은 후에 장로가 되었습니다.

한편 만경대에서는 이양선의 침입이 있다는 정보를 들은 주민과 관군들이 함께 자체 방어를 준비하고 있었습니다. 그리하여 배가 만경대에 도착하자 평양서윤(平壤庶尹) 신태정에게서 서양 종교가 사교로 금지되어 있고 교역도 할 수 없다는 통고를 받았습니다. 그렇지만 배에 타고 있던 토마스는 결코 무력을 사용해서는 안 된다고 선원들을 설득했습니다.

배는 다시금 거슬러 올라가 봉황진에 이르렀는데, 제너럴 셔먼호의 선원이 관군 한 명을 납치해 인질로 삼는 사건이 발생했습니다. 성난 주민들과 관군들은 솔가지와 풀을 가득 실은 배에다 불을 붙여 제너럴 셔먼호 쪽으로 떠내려가게 하였고, 결국 제너럴 셔먼호에 불이 붙었습니다. 배는 이미 모래톱에 걸려 꼼짝 못하는 상황이었으며, 많은 사람들이 불에 타 죽었고 물에 뛰어들어 헤엄쳐 살아나온 자들도 다 창에 찔려 죽거나 맞아 죽었습니다.

토마스 선교사는 이러한 상황에서는 복음을 전하지도 못하고 죽게 생겼다는 급박한 심정으로 화살과 총알이 빗발치고 포연이 자욱한 갑판 위로 뛰어 올라갔습니다. 뱃전에 우뚝 선 그는 한 손에 백기를 들고 입으로는 목이 터져라 "야소 믿으시오!"를 외치며 다른 한 손으로는 성경과 전도지들을 강둑을 향하여 던져대기 시작했습니다. 정신없이 성경을 던지던 토마스는 한참이 지난 후에야 자기가 탄 배가 불에 타고 있는 것을 알았습니다. 그는 불을 피해 가면서 계속 남은 성경을 던졌으며, 결국 한 권의 성경을 품에 넣은 채 한 병사의 손에 끌려 강 언덕 위로 끌어올려졌습니다.

병사가 그의 목을 치기 위해 칼을 꺼내는데, 이때 토마스는 품에서 성경을 꺼내어 자기를 치려는 병사에게 주면서 전도했습니다. 병사가 주춤하는 사이 토마스는 무릎을 꿇고 머리를 숙여 기도를 올렸고, 마침내 그 병사의 칼에 목숨을 잃었습니다. 토마스를 죽인 병사는 성경을 가지고 집으로 돌아갔으며, 가족들에게 다음과 같이 말하였다 합니다.

제자들

•

65

"내가 서양 사람을 죽이는 중에 한 사람 죽인 것은 지금 생각할수록 이상한 감이 있다. 내가 그를 찌르려고 할 때에 그는 두 손을 마주 잡고 무슨 말을 한 후 홍포의(紅布衣)의 책을 가지고 웃으면서 나에게 받으라고 권하였다. 그러므로 내가 죽이기는 하였으나 이 책을 받지 않을 수가 없어서 받아 왔노라."[49]

그 후 그는 토마스가 죽어 가면서 준 그 성경을 읽고 큰 감명을 받았으며 장대현교회(널다리골교회) 최초의 교인 중 한 명이 되었습니다. 제너럴 셔먼호 사건 때에 많은 사람이 구경을 나왔는데, 그중 최치량이라는 당시 11세 소년이 있었습니다. 그는 성경 세 권을 주워 가지고 집으로 돌아갔는데, 며칠 후 그 외국 배에서 던진 책을 습득한 사람은 모두 책을 없애라는 포고에 없애 버렸습니다. 그런데 박영식이라는 사람은 남들이 버리는 그 성경을 모아다 자기 집 벽을 발랐습니다.

나중에 그 집을 최치량이 우연히 사게 되어 여관으로 경영하였는데, 한국 장로교회 최초의 목사 중 한 사람인 한석진 목사가 후에 이 집에 묵었으며 벽에 바른 그 성경들을 보고 집주인 최치량을 전도하여 이 사람은 이후 장대현교회를 세우는 장본인이 되었습니다. 성경을 준 사람 중에는 여성도 있었는데 이 사람은 그 성경을 읽고 감동을 입어 예수를 영접하였으며, 그녀의 아들 이덕환도 함께 예수를 믿어 후에 장대현교회와 사리원교회의 장로로 섬겼습니다.

내가 진실로 진실로 너희에게 이르노니 한 알의 밀이 땅에 떨어져 죽지 아니하면 한 알 그대로 있고 죽으면 많은 열매를 맺느니라
_요 12:24

지금 어디에도 한국 최초의 순교자 토마스 선교사의 무덤은 남아 있지 않지만, 모 교회인 영국 웨일스 하노버교회(Hanover Church)는 그의 죽음을 기념하는 기념비가 있습니다.

로버트 저메인 토마스 목사 기념비

런던선교회 중국 북경 주재 선교사
하노버의 로버트 목사와 메리 로이드 사이의 차남
1866년 두 번째 한국 선교 여행 중 토착인에 의해 살해되어
27세의 젊은 나이로 죽다.[50]

이외에도 수를 헤아릴 수 없이 많은 순교자들의 피 위에 한국 교회가 세워져 오늘에 이르렀습니다. "그의 이마에 이름이 기록되었으니 비밀이라, 큰 바벨론이라, 땅의 음녀들과 가증한 것들의 어미라 하였더라 또 내가 보매 이 여자가 성도들의 피와 예수의 증인들의 피에 취한지라"(계 17:5-6). 우리가 유산으로 받은 이 신앙은 거저 난 것이 아니라 신앙의 선배들의 핏값으로 이어져 온 것입니다. 여기에 제자도가 있고, 여기에 십자가의 길이 있습니다.

이렇게 조선에는 복음의 씨앗이 뿌려졌고, 한국의 초대 교회가 시작되었습니다. 토마스 선교사가 죽은 지 23년 후인 1890년, 언더우드(Horace Grant Underwood, 1859-1916)[51] 박사가 일곱 명의 학생들을 모아 자기 서재에서 한국 최초의 성경공부반을 시작했습니다. 4년 후에는 한국 교회 교인의 60%가 한두 개의 성경공부반에 출석하고 있었으며, 1909년에는 미국 북장로교[52] 선교 지역 안에서만 약 8백 개의 성경공

부반이 있었고 5만 명 이상이 거기서 배우고 있었다는 통계자료를 볼 수 있습니다.[53]

초대 교회 당시에는 남자와 여자, 심지어 아이들까지 전부 다 학생이면서 동시에 선생이었습니다. 그들은 각자 자기보다 신앙이 앞선 선배로부터 개인 양육을 받았습니다. 그리고 자기보다 신앙이 뒤떨어지는 후배들을 가르쳤습니다.[54] 평신도가 이와 같은 상호 작용을 함으로써 초창기 한국 교회는 각자의 은사를 활용하고 발전시킬 수 있는 교회가 되어 하나같이 지식과 힘과 능률 면에서 성장할 수 있었던 것입니다.[55]

또한 성경에 나온 초대 교회들이 가정 교회였던 것처럼 한국의 초대 교회 역시 마찬가지였습니다. 당시의 교회 지도자들은 가정 모임을 중심으로 평신도 세계에서 일어나는 여러 가지 변화와 영향력을 잘 알고 있었던 것 같습니다. 남자들을 위한 사랑방 모임이 활발하게 퍼져 나갔고, 여자들을 위해서는 안방 모임이 있었는데 그들은 모일 때마다 성경공부를 통해 신앙 훈련을 받을 수 있었고, 불신 이웃을 초대하여 복음을 나눌 기회를 만들 수 있었습니다.[56]

"1895년에 시작하여 그 후 10여 년간은 선교 지역 전반에서 꾸준한 성장이 계속되었다. 1900년 한 해만 해도 교인이 30% 이상 증가하였다. 선교사가 그들을 가르칠 수 있는 한계를 넘어 새신자는 계속 생겨나고 선교사들이 발을 들여놓을 수 없는 벽지에까지 전도의 문이 열려 있었다. 이러한 일은 대부분 조직화된 전도 운동으로 인해 일어난 것이 아니라 성도들이 일상생활을 통해 가는 곳마다 복음을 단순하면서 진지하게 나눈 개인 전도의 결과였다."[57]

한국 초대 교회의 기본 정신은 선교사 중심이나 목회자 중심이 아니라 평신도 중심의 교회를 세우는 데 있었습니다. 평신도를 훈련하여 교회 안에서 상호 사역의 봉사를 하게 하고 세상에서 말과 행위로 그리스도를 증거할 증인으로 파송하는 데 역점을 둔 성경적인 정신이 있었습니다. 이것을 위해 사랑방 모임과 안방 모임 같은 소그룹이 제자를 만들어 내는 요람으로 이용되었던 것입니다.

이렇듯 초대 교회에는 자연적 제자훈련과 영적 승법 번식[58]이 각 가정과 교회에 일어나 자연적 성장을 이루었으나, 지금은 목회자에 대한 맹신과 수동적인 말씀 공부의 형태에 젖어 평신도들이 스스로의 역량을 제한하고 있는 상태입니다. 이러한 상황에서 벗어나 초대 교회의 정신을 살려 평신도 중심의 교회를 세우는 과정이 바로 제자훈련입니다. 우리가 지금 처해 있는 환경은 그 당시와 비교가 될 수 없을 만큼 다릅니다. 방법론만을 가지고 따지자면 그때 교회가 사용하던 방식을 그대로 모방할 수 없을지도 모릅니다. 그러나 초창기의 평신도들이 소중하게 생각하고 그들의 신앙생활의 기본으로 삼았던 정신만은 얼마든지 계승할 수 있는 것입니다. 지금이야말로 우리의 위대한 선배들이 남겨 준 정신적 유산을 다시 찾아 삶에 녹여내야 할 때입니다.

◦ ◦ ◦ ◦ ◦ ◦ ◦ ◦ ◦
목사 기죽이는 사람들

지금 우리 곁에도 보이지 않는 곳에서, 또는 보이는 곳에서 전심을 다해 교회와 성도들을 섬기고 있는 평신도 사역자들이 있습니다. 매일 아침 예배당 청소를 하는 평신도, 교회 버스를 운전하는 평신도, 주보를 만드는 평신도, 강단 꽃꽂이를 하는 평신도, 가정에서 소그룹 모임을 인도하는 평신도, 골방에서 교회를 중보하는 평신도 사역자들이 있습니다.

인천에 있는 은혜의교회에는 부교역자는 물론 유급 직원이 없습니다. 담임목사를 제외하면 유급 직원은 찬양사역자 한 명이 있을 뿐입니다. 나머지 사역은 모두 평신도 사역자들의 몫입니다. 이제는 평신도 사역자들의 정확한 숫자조차 파악하기 힘든 실정입니다. 이 교회의 평신도 사역자들은 제자훈련을 통해 섬김의 종으로 오신 예수 그리스도를 본받는 것에 대한 강한 자부심을 갖습니다.

이 교회는 처음 제자훈련을 받은 사역자를 존귀하게 여기고 가장 앞에 세웁니다. 선배들의 헌신과 수고는 그대로 후배 사역자들에게 녹아듭니다. 이들은 사역자로 세워진다는 것에 대한 자부심이 대단합니다. 매년 초, 자신이 가장 잘할 수 있는 영역과 시간을 적어 청지기 지원서를 제출하고 묵묵히 봉사합니다. 어느 누구의 간섭도 제재도 없습니다. 물 흐르듯 자연스럽게 사역이 진행되는 것입니다. 각각의 부서를 섬기는 일은 물론 사무실 도우미를 비롯해 청소, 화단에 물 주기, 꽃꽂이, 코디, 미디어, 홍보 등 모든 영역에서 평신도 사역자들이 활동하고 있습니다. 목회자를 의식하지 않고 하나님을 의식하며 헌신 봉사하고 그 헌신을 통해 서로 은혜를 체험하고 나눕니다.

교회 업무를 총괄하고 있는 김은아 집사는 이렇게 말합니다. "보통 스태프 리더로 세워지기까지 8, 9년이 걸립니다. 그런 만큼 리더들의 자부심도 대단하죠. 모든 사역자들이 전도와 훈련은 물론 모든 헌신에 능동적으로 동참하고 있습니다. 목사님은 성도들의 이러한 봉사가 목회자를 위한 헌신이 아니라 하나님을 위한 헌신이 되도록 올바른 헌신의 목적을 가르치십니다. 더불어 평신도 사역자들은 말씀을 통해 변화되고 기쁨으로 봉사하며 하나님의 영광을 위해 자신의 삶을 드린다는 것을 확신하게 됩니다."

은혜의교회에는 각 부서의 스태프 리더가 있지만 겉으로 드러나지는 않습니다. 교회는 리더를 임명할 뿐 모든 제반 운영은 스태프 리더에게 일임합니다. 실수에 대해서는 관용을 베풀고, 다시 자리 잡아가기를 기다립니다. 이제 스태프 리더들도 자신이 알아서 해야 한다는 것을 잘 압니다. 그 결과 스태프 리더들은 목회자에게 의존하기보다는 스스로 서려는 노력을 보입니다. 스태프 리더들뿐만 아니라 팀원들도 스스로 할 일을 찾아 사역을 개발합니다. 이는 교회의 시스템 발전은 물론 스스로가 전문가로 자리 잡는 계기가 됐습니다.

한 평신도 사역자의 헌신과 노력으로 시작된 은혜의교회 영아부는 '전 세계 제일'이라는 자부심을 갖게 할 만큼 자리를 잡았습니다. 노인 대학도 스태프 리더 한 사람만 임명해 모든 것을 맡겼는데 성공적으로 정착했습니다. 이는 모두 보이지 않는 곳에서 움직이는 셀 수 없이 많은 평신도 사역자들의 땀과 눈물로 이루어진 것입니다.

또 이런 교회도 있습니다. 장년부만 천여 여 명이 모이는 교회에 사찰도 없고 운전기사도 없습니다. 있다면 사무를 보는 유급 직원 한 사람이 전부입니다. 그러고도 교회가 차질 없이 움직일 수 있을까요? 방법은 간단합니다. 전 교인이 사찰 역할을 하면 됩니다. 교회당 청소에서 차량 운행까지 모두 말입니다.

"봉사하지 않으면 직분도 맡지 말라." 이 말은 행신중앙교회의 불문율입니다. 아니 한 걸음 더 나아가 '전 교인의 자원봉사자화'를 추구합니다. 주일이나 주중이나 예배당은 봉사거리를 찾아 나오는 교인들로 활기가 넘칩니다. 여기서 한국 교회가 잊고 있었던 또 하나의 교회 문화를 발견합니다. 바로 자원봉사 문화입니다.

우선 '차량부'는 1종 대형면허 소지자가 이 부서의 회원 자격입니다. 이들이 교회 차량을 교대로 운행합니다. 여기에 소형 승용차들까지 가세해서 신도시 목회의 요건인 원거리 차량 운행을 별 문제 없이 해결하고 있습니다. 노호곤 장로(문구도매상 운영)는 아예 자신의 승합차에다 교회 이름을 새겨 넣고 새벽 기도회의 차량 운행을 전담합니다. 화장실 청소 역시 그의 몫입니다. 소매를 걷어붙이고 화장실 바닥을 닦는 젊은 장로님을 통해 자원봉사 문화는 후배들에게 자연스럽게 전수됩니다.

교회 청소와 식당 봉사는 구역이 번갈아 가면서 맡습니다. 아예 평신도 사역자 두 명(주부)은 주중에 정기적으로 나와서 청소 당번을 섭니다. 대학 강의실처럼 각 부서들이 시간제로 사용하는 교회 공간의 경우, 모임을 마치고 나서 꼭 청소 시간을 갖고 정돈을 해 둡니다. 다음에 사용할 사람들을 위한 최소한의 예의인 셈입니다. 어디나 청소 도구들이 비치되어 있습니다. 어떤 이는 매일 잊지 않고 화장실 수건을 깨끗이 빨아서 걸어 둡니다.

교회 프로그램에도 평신도 사역자들이 참여합니다. 문화강좌가 대표적입니다. 학원에서 종이접기를 가르치는 강사는 시간을 내 교회에서 종이접기 교실을 엽니다. 물론 강사료는 받지 않습니다. 미술반도 그렇고 꽃꽂이반, 청소년 논술지도반, 서예반, 영어·일어회화반 등도 평신도 사역자들의 참여로 진행됩니다. 이 같은 문화강좌에는 불신자들까지 참여함으로써 전도의 접촉점이 되기도 합니다. 교회 안에서뿐 아니라 밖에서도 평신도 사역자들의 손길은 이어집니다. 무의탁 노인들에게 김치를 담가 주기도 하고 결식 아동을 위한 식사 제공과 보호시설에 수용된 이들을 찾는 일도 꾸준히 전개되고 있습니다.

내가 섬기고 있는 사랑의교회는 다락방[59]과 함께 성장해 왔습니다. 평신도 지도자들, 특히 남녀 순장[60]들의 눈물과 땀 그리고 한 영혼을 위해 쏟는 아름다운 사랑이 그 밑거름이 된 성장입니다. 다락방을 시작하던 초창기 2, 3년은 매우 어려운 시기였습니다. 오직 주님만이 기억하고 계실 평신도 지도자들의 향기로운 열심과 봉사가 없었더라면 오늘의 풍성한 열매는 결코 기대할 수 없었을 것입니다. 다음에 소개하는 이야기는 자신을 드러내고 싶어 하지 않는 형제자매들이 교회의 유익을 위해 털어놓은 것을 조심스럽게 정리해 본 것입니다.

다락방이 조금씩 자리를 잡기 시작하던 1980년 초, 사랑의교회에 등록한 정 집사는 교회 바로 앞에 있는 진흥아파트를 백 퍼센트 전도한다는 야망을 품고 잠실에서 서초동 전셋집으로 이사를 하더니 본격적인 다락방 개척에 몸을 던지기 시작했습니다. 당시 잠실은 교회에서 거리가 멀고 교통이 나빴습니다. 그래서 그는 전도한 사람들이 여럿 있었지만 다락방을 미처 구성하지 못하고 있다가 서초동으로 이사한 후 그들을 묶어 다락방을 시작하였습니다. 얼마나 전도를 열심히 했던지 5명으로 시작한 다락방이 석 달이 채 못 되어서 17명이 모이게 되었고, 곧이어 2, 3개 다락방으로 나뉘었습니다.

그때 그는 순장반이 있는 화요일만 빼고는 월요일부터 토요일까지 쉬지 않고 다락방 인도를 했습니다. 보기에 안쓰러울 만큼 몸도 약한 사람인데 어떻게 그렇게 했는지, 성령이 부어 주신 힘이라고 밖에는 설명할 수가 없었습니다. 나중에는 전도를 하도 많이 하니까 어느 부교역자가 자료로 사용하도록 한 사람씩 기록을 하라고 한 모양이었습니다. 그 일에 대해 언젠가 그는 이렇게 말해 주었습니다.

"그 말씀을 듣고 계속 수첩에 기록을 했지요. 그런데 백 명이 넘으면서부터는 도저히 안 되겠다 싶어서 이름도 기록하지 않고 몇 명 전도했는지도 기억하지 않기로 했어요. 내가 이만큼 전도했다는 교만한 마음이 들 것 같아서요."

그는 그렇게 전도하고 다락방을 인도하면서도 힘들다는 생각은 전혀 하지 않았다고 합니다. 다만 그가 맡고 있던 두 다락방에 사이가 좋지 않은 고부간이 순원[61]으로 속해 있었는데, 밤낮으로 몇 년 동안 양쪽 이야기를 다 들으면서 살얼음판을 걷듯 처신했던 일이 가장 어려웠다고 술회하기도 했습니다. 이제는 두 사람 모두 아주 성숙하고 서로 사랑하는 좋은 일꾼들이 되었다는 말과 함께 말입니다.

또 다른 평신도 지도자의 이야기입니다. 1983년 9월 9일, 과천다락방을 개척해 첫 모임을 가진 김 집사는 혼자 상을 펴고 앉아 교재 내용을 스스로에게 물어 보고 스스로 대답하며(귀납법적으로) 다락방 모임을 진행하고 있었습니다. 아무도 모임에 참석하지 않았기 때문입니다.

김 집사는 원래 열렬한 불교 신자여서 날마다 가정 법회를 드리던 사람이었습니다. 어쩌다가 전도하는 사람이 문을 열고 들렀다 가는 날에는 부정 탄다고 현관에다 소금을 뿌리며 법석을 떨 만큼 유별난 사람이었습니다. 그러던 그가 인간 존재에 대한 회의와 남편과 아버지로서의 자신의 정체성을 놓고 고민하던 중 스스로 기독교로 개종하게 되었습니다. 가톨릭을 비롯한 기독교의 모든 교파를 일 년 동안 섭렵한 후 1981년 9월, 김 집사와 그의 가정은 사랑의교회에 발을 들여놓게 되었습니다. 그리고 그날로 그의 가정은 가정 법회를 가정 예배로 바꾸었고, 완전히 성경공부에 몰입했습니다.

나는 제자훈련에 미친 목사였지만 그는 다락방에 미친 평신도였습니다. 교회에서 맡긴 다락방 하나만 하고 앉아 있을 수 없다면서, 남자 교인 명단을 받아 가지고 직접 심방을 다니면서 다락방을 만들기 시작했습니다. 그의 심방 스케줄은 나름대로 철저하게 준비된 것으로 일단 교회에서 명단을 받으면 그 집의 형편, 취미는 물론이고 어떻게 살아왔으며 어떤 비전을 가진 사람인지, 무슨 얘기를 하면 질색하고 무슨 얘기를 하면 신바람이 나는지에 대해 그야말로 최대한의 정보를 수집하는 것이었습니다. 그리고 그 정보들을 놓고 기도했습니다. "하나님, 이런 사람인데 어떤 말씀을 들고 가면 되겠습니까?"

며칠 동안 성경을 보면서 알맞은 말씀이 나오면 그것을 들고 사람을 찾아갔습니다. 한 번에 끝나는 심방이 아니라 그 사람이 다락방에 나올 때까지 찾아가는 것입니다. 5, 6년을 쉬지 않고 심방한 사람도 있었으니 양쪽 모두 대단한 사람들임에 틀림이 없는 것 같습니다.

그는 여러 사람을 심방하는 중에 인간적으로 견딜 수 없는 모욕도 많이 받았습니다. 언젠가는 동행했던 다락방 총무가 참다 못해 "순장님! 저 자식 들어서 밖으로 던져 버리고 갑시다!"라고 흥분한 적도 있었다고 합니다.

다락방의 급격한 세포 분열이 시작되면서부터 그는 심방을 할 때마다 항상 다락방 총무들을 데리고 다녔습니다. '나를 보고 따라하라'는 배려였다고 합니다. 다락방 수는 계속 늘어났고 김 집사는 7, 8년 동안 금요일 밤에는 잠을 자지 못했습니다. 금요일 밤 다락방을 마치고 집에 오면 12시가 넘는데, 토요일 새벽 다락방이 4시 반에 시작되기 때문이었습니다. 서초동과 과천에 그가 개척한 남자 다락방은 열여덟 개가 되었습니다.

다락방에서 성경공부를 하다가 성경을 찢어 버리고 뛰쳐나가던 순원, 부부싸움을 하고 찾아와 양쪽 방에 앉아 하소연하며 밤을 새우던 순원 부부, 만취해서 찾아와 밤새 주정을 하던 초신자 순원, 툭탁거리고 싸우기도 했던 순원들 등 그의 기억 속에는 셀 수 없이 많은 이야기들이 들어 있습니다. 그는 때때로 옛날을 회상하며 웃습니다.

얼마 전에는 사랑의교회 장로 가운데 두 사람이 선교사로 떠났습니다. 나이가 50대 중반이 넘었는데, 후반기 인생을 선교지에 가서 일하고 싶다며 1년 동안 선교 전문 기관에 가서 철저하게 훈련을 받았습니다. 그래서 한 명은 블라디보스토크(Vladivostok)에 있는 대학의 한국어과 교수로, 또 한 사람은 연변과기대 정보통신학과 교수로 떠났습니다.

나는 그들과 적어도 15년 이상 함께 신앙생활을 해 왔습니다. 그들은 나에게서 제자훈련을 받았고, 장로가 되어서 교회를 섬긴 사람들입니다. 그들은 성공한 인생을 살았으며, 퇴직금만 갖고도 편하게 살 수 있는 사람들입니다. 그럼에도 참 어려운 곳을 찾아갔습니다. 블라디보스토크로 가는 장로는, 학교에서 방을 하나 주는데 거기에는 주방도 없다면서 이렇게 말했습니다. "목사님, 거기 가서 연단 좀 받아야죠." 그래서 나는 이렇게 대답했습니다. "하나님은 왜 당신 같은 사람을 목사로 부르지 않고, 나를 목사로 불렀는지 모르겠습니다. 당신들이야말로 인격으로나 헌신으로나 목사 기죽이기 딱 좋은 사람들인데, 왜 당신 같은 사람들을 부르지 않고 나 같은 사람을 불렀는지 모르겠습니다."

전 생애와 전 인격을 바쳐 복음을 증거하고 하나님을 예배하는 사람들, 내 주변에는 이런 평신도들이 한둘이 아닙니다. 그리고 이런 평신도 사역자들은 어느 교회에나 꼭 있기 마련입니다. 이 사람들이 없으면 교회는 설 수 없기 때문입니다. 이들은 비단 순장 사역뿐 아니라 각자의 은사에 따라 다양한 영역에서 뛰고 있습니다.

목회자보다 더 헌신적으로 주님을 섬기고 있는 이들을 볼 때마다 나도 모르게 정신이 번쩍 듭니다. 나는 사례비를 받아 가면서 일하는 사람이고, 그들은 헌금을 내면서 일하는 사람들입니다. 이러다가 주님 앞에 설 때 내 자리가 어디일까 생각하면 두려운 마음마저 듭니다.

"목사 기죽이는 사람들⋯." 그들을 보면서 나 혼자 중얼거리는 말입니다. 어쩌면 그들은 목회자인 나를 길들이기 위해 하나님께서 내 가까이 두신 천사들인지도 모릅니다.

4

대사명

하나님은 성도들을 지상 교회로 부르셨습니다.
우리는 특권과 함께 소명을 자신의 신앙으로 고백할 수 있어야 합니다.
특권만 알고 소명을 모르는 절름발이 교회를 만들지 말아야 합니다.
부름 받은 특권을 누리고 있습니까? 그렇다면 보냄 받은 소명에 순종해야 합니다.

대사명

우리 각자는 개인적으로 예수 그리스도를 나의 주, 나의 하나님으로 영접해 죄 사함을 받고 구원을 얻었습니다. 그러나 하나님은 우리 모두를 교회라는 한 가지 이름으로도 부르셨습니다. 모든 성도는 교회라는 이름으로 모여 훈련과 권징을 받고 교제를 나누며, 공예배[62]를 드립니다. 예수 그리스도께서 교회를 세우신 가장 중요한 목적은 바로 그분의 복음을 교회 내에서, 그리고 교회 밖에서 증거하는 것입니다. 이것이 바로 교회에 주신 가장 큰 사명입니다(마 28:18-20 참조).

교회란 무엇인가

고린도에 있는 하나님의 교회 곧 그리스도 예수 안에서 거룩하여지고 성도라 부르심을 받은 자들과 또 각처에서 우리의 주 곧 그들과 우리의 주 되신 예수 그리스도의 이름을 부르는 모든 자들에게

_고전 1:2

성경에서는 하나님의 교회를 '성도'와 '그리스도의 이름을 부르는 자'라고 설명합니다. 또한 교회는 하나님의 권속, 즉 가족이라는 말로 불립니다(엡 2:19 참조). 신약성경에서 교회를 가리키는 용어 중에 가장 일반적으로 사용되는 것이 '에클레시아'(eklesia)라는 헬라어입니다. 이것은 하나님의 택함을 입은 사람들의 모임 혹은 회중을 가리킵니다. 더 엄격하게 이야기하면 에클레시아는 회중이 모이는 과정과 한자리에 모여 있는 공동체를 다 포함하는 의미를 갖고 있습니다.[63]

하나님은 자기 백성을 낳으신 분입니다(요 1:12-13 참조). 하나님이 그들을 만드시고 부르시고 보존하시고 구원하십니다. 하나님의 백성, 그리고 그 백성들의 모임인 교회는 예수님이 부활하신 후에 그를 하나님의 아들이며 그리스도로 고백하는 사람들이 나타나면서 시작되었습니다. 그들은 흑암의 권세에서 건짐을 받아 하나님의 아들의 나라로 옮겨진 새로운 백성의 무리들입니다(골 1:13 참조). 이런 의미에서 교회는 택하신 족속이요 거룩한 나라가 됩니다(벧전 2:9 참조). 교회는 하나님 아버지 안에 있기 때문에 세상의 어떤 모임과도 구별되고 예수 그리스도 안에 있기 때문에 다른 종교 모임과도 구별됩니다.

한편 세상으로부터 부름 받은 하나님의 백성인 교회는 예수님이 오셔서 실현하실 하나님 나라의 세상적인 표현이라고 할 수 있습니다. 하나님 나라가 보다 포괄적인 하나님의 통치 영역을 의미한다면, 교회는 그 통치권 안에 속해 있는 과도기적 제도라고 보아야 할 것입니다. 과도기에 있는 교회는 미래에 주님이 오실 때 완성될 하나님 나라의 도래를 겸손하게 간절히 기다려야 합니다. 교회는 아직 집에 도착하지 못하였습니다. 영원한 도성을 향해 순례의 길을 걷고 있습니다.

그러므로 지금의 교회는 종말을 알리는 표지이며, 앞으로 무엇이 도래할 것인가를 알리는 게시판과 같습니다. 왕이 오실 때 교회는 왕

국을 물려받을 것이고 그 왕국은 온 우주에 실현될 것입니다.[64]

교회가 선택받은 자의 모임이라는 정의는 보이는 교회와 보이지 않는 교회를 다 포함하고 있습니다. 그러나 선택받은 자의 모임이라는 정의 자체가 지금 우리가 속해 있는 교회보다는 보이지 않는 종말론적 교회에 그 무게가 더 실려 있다는 것을 부인할 수 없습니다. 이 말대로라면 지상 교회는 마치 이미 완성된 실체인 것 같고, 예수 그리스도 안에서 값없이 누리게 된 영광에 도취되어 이제 다른 것은 다 잊어도 될 것 같은 인상을 받습니다.

구원을 받았으니 이제 되었다는 일종의 안도감 때문에 주님의 일에 미온적이거나 무관심으로 일관하려는 평신도가 얼마나 많습니까! 많은 평신도들이 마치 자신들은 소명을 받지 않은 양 대단히 흡족해 하고 있습니다. 전 교회는 부름 받은 하나님의 백성입니다. 평신도가 깨어나기 위해서는 지상 교회의 정의를 다시 써야 할 것입니다. 지상 교회는 세상으로부터 부름 받은 특권만 가진 것이 아니라 세상으로 보냄 받은 소명을 함께 가지고 있습니다. 천상의 교회라면 세상으로 보냄 받을 필요가 없고, 세상에 나가 복음을 전할 이유가 없을 것입니다.

하나님은 성도들을 지상 교회로 부르셨습니다. 우리는 특권과 함께 소명을 자신의 신앙으로 고백할 수 있어야 합니다. 특권만 알고 소명을 모르는 절름발이 교회를 만들지 말아야 합니다. 부름 받은 특권을 누리고 있습니까? 그러면 보냄 받은 소명에 순종해야 합니다.

○ ○ ○ ○ ○ ○ ○ ○ ○ ○
교회는 무엇을 해야 하는가

성도는 왜 이 땅에서 살아가야 합니까? 우리는 이 질문에 일반적으로 "하나님의 영광을 위해서"라고 대답합니다. 아마 가장 간략하면서도 가장 정확한 대답일 것입니다. 교회가 만물 안에 충만하게 되면 모든 것이 하나님의 영광으로 귀착될 것이 틀림없기 때문입니다. 그러나 하나님의 영광을 위해서라는 표현은 다소 추상적이라는 데 그 흠이 있습니다. 무엇을 가지고 어떻게 해야 성도가 하나님의 영광을 위할 수 있는지 말하지 못하고 있습니다. 좀 더 구체적이고 실제적으로 나누어 본다면, 성도를 이 땅에 보내신 이유는 세 가지 정도로 이야기할 수 있습니다.

제일 먼저 성도는 하나님을 예배하기 위해 존재합니다. 하나님이 세상에서 성도를 부르신 것은 자신의 이름에 합당한 영광을 돌리도록 하기 위한 일이었습니다. 그러므로 교회의 첫째 의무는 하나님을 예배하는 것입니다. 하나님의 백성이 가장 먼저 배워야 할 일은 자기들을 거룩히 구별하신 하나님께 경배하는 것이며, 그들이 가장 먼저 초대받은 영광의 자리는 하나님을 예배하는 거룩한 존전입니다.

이 예배의 성격은 그것이 전 인격적인 제사라는 데 특징이 있습니다. 하나님의 백성은 다 같이 한 몸을 이루어 머리 되신 그리스도를 통해 그들 자신을 하나님이 기쁘게 받으실 신령한 제사로 드리는 거룩한 제사장이 된 것입니다(롬 12:1; 벧전 2:5 참조). 무엇보다 교회의 예배는 하나님의 인격에 근거를 둡니다. 우리는 그가 누구인지 먼저 알고 그에게 합당한 예배를 드려야 합니다(시 29:2; 계 4:11 참조). 그리고 하나님이 교회를 위해 행하신 사역, 즉 창조와 구속에 근거를 둔 예배라야 합니다.

그렇다면 어떤 형식의 모임을 예배라고 부를 수 있을까요? 지금은 예수 안에서 새로운 시대가 도래하였기 때문에 우리는 구약시대의 예배 형식은 물론, 전통적으로 굳어진 어떤 형식에든 매일 필요가 없으며 그것으로 만족할 수 없습니다.[65] 예수님은 말세 교회의 예배를 영과 진리로 드리는 예배라는 말로 요약하셨습니다(요 4:24 참조).

이런 면에서 지적하고 싶은 한 가지는 우리의 신앙생활이 지나치게 공예배 일변도로 흐르고 있다는 사실입니다. 목회자는 주일예배를 준비하고 인도하기 위해 있는 사람처럼 보입니다. 목사와 함께 모이는 자리는 대개 일정한 형식의 예배를 드리고 난 다음에야 다른 일들을 다룹니다. 심방도 예배가 목적이 되어 있습니다. 정기 예배 출석만 잘하면 아주 믿음이 좋은 사람으로 인정받습니다. 그래서 "나, 예배드렸어" 하면 일주일 간의 신앙생활의 모든 요건을 다 충족한 것처럼 생각하곤 합니다.

그러나 주일예배 시간뿐 아니라 우리 삶의 매 순간이 모두 예배로 드려져야 하며, 모여서 함께 기도하고 성경공부를 하는 것 등 비형식적인 성도들의 만남도 모두 예배로 인식해야 합니다. 성도의 존재의 목적이 예배이기 때문입니다.

다음으로 성도들의 공동체는 세상을 구원하기 위해 존재합니다. 교회는 그리스도의 증인으로 부름을 받아 다시 세상으로 보냄을 받은 성도의 모임입니다. 땅 끝까지 복음을 전하는 것은 세상을 위해 전 성도가 해야 할 가장 중요한 의무입니다. 목회자나 평신도를 막론하고 전 교회가 이 일을 위해 부름 받았습니다. 교회의 지체로서 교회 안에 있는 자는 누구나 그 일을 수행할 은사를 가지고 있습니다.

마지막으로 성도들의 공동체는 성도를 양육하고 훈련하기 위해 존재합니다. 성도 한 사람은 인간이 가진 무지와 나태라는 본성을 지니고 있기 때문에 그가 성숙한 신앙인으로 자랄 때까지 교회는 보살피고 길러야 합니다. 그러므로 성도는 그 연약함 때문에 다른 성도들과의 교제와 신앙생활을 평생 떠날 수 없는 것입니다.[66]

예수님은 세상을 떠나시면서 자신의 말씀을 순종하는 데까지 가르치라고 명령하셨습니다. 그래야 제자가 만들어질 수 있다고 하셨습니다. 서신서[67]를 보면 성도를 온전하게 하는 제자 삼는 사역을 위해 교회의 머리 되신 주님께서 세 가지를 주셨습니다. 가르치는 교사를 주셨고(엡 4:11 참조), 가르치는 내용인 성경 말씀을 주셨고(딤후 3:16-17 참조), 직접 탁월한 모델이 되어 가르치는 방법을 주셨습니다(골 1:18-19 참조). 성도는 끊임없이 교회를 통해 하나님을 배우고 닮아 가는 제자가 되어야 합니다.

지금까지 우리는 교회 된 성도의 존재 이유를 세 가지로 나누어 살펴보았습니다. 한 가지 명심해야 할 것은 이 세 가지가 각자 따로 놀 수 있는 것이 아니라는 사실입니다. 서로가 밀접하게 연관되어 있어서 그중에 하나라도 잘못되면 전부가 제 구실을 할 수 없게 됩니다. 그러므로 예배와 전도와 훈련 가운데 어느 하나라도 소홀하게 다룰 수가 없습니다.

역사적으로나 현실적으로 교회는 그 자체의 불완전함으로 인해 세 가지 중 어느 하나를 선택하여 존재의 목적으로 삼는 약점을 가져왔습니다. 신학자들 중에는 교회가 마치 하나님만을 위해 존재하는 것같이 이야기하는 사람이 있는가 하면 최근에는 세상만을 위해 존재한다고 주장하는 사람들이 늘어가고 있습니다. 이와 같이 어느 한쪽으로 지나치게 기우는 것은 바람직하지 않습니다. 하나님께서는 성도의 영광스러운 예배와 잃은 양들이 돌아오는 축제와 그의 자녀가 그리스도의 장성한 분량까지 자라는 성장, 이 모든 것을 통해 영광 받길 원하십니다. 그중에 어느 한 가지라도 잃어버리는 것은 하나님의 뜻이 아닙니다.

현대 교회의 평신도들은 주의 일과 세상일을 구별하는 이원론에 빠져, 자기는 평생 세상일에 열중하다 심판대 앞에 서야 한다는 죄책감과 불안에서 벗어나지 못하고 있습니다. 그러나 우리 몸은 이미 성령께서 거하시는 성전입니다(고전 6:19 참조). 따라서 우리 몸 안에서, 그리고 우리 몸을 통해 일어나는 모든 일과 생활이 주님께 드려지는 예배인 것입니다. 그러므로 우리의 삶은 그분의 영광을 위해 예배하고 영적 제사를 드리고 훈련받는 교회가 되어 오직 제자의 길로 가야 할 것입니다.

소그룹, 또 하나의 교회

성도가 이와 같은 목표에 의해 살아가기 위해서는 다른 성도들과 함께 신앙생활을 하는 것이 효과적이라고 앞서 밝힌 바 있습니다. 그러나 인간 본연의 개인주의적인 성향과 익명성 때문에 교회 내에 있어도 신앙생활의 독려를 받지 못하고 홀로 길을 걸어가는 이들이 우리 주변에는 너무 많습니다. 이러한 현상으로 인해 초대 교회에서부터 현대에 이르기까지 소그룹이라는 단위는 교회 안에서 성도들의 가장 가까운 곳에 늘 존재해 왔습니다.

소그룹은 참여하는 사람들 사이에 인격적인 상호작용이 일어날 수 있는 교육 환경을 말합니다. 그러기 위해서는 개인이 실종되지 않는 작은 규모로 모여야 합니다. 예수님은 제자들과 보낸 3년 동안의 경험과 결과를 통해 제자훈련의 소그룹의 성격과 기능을 웅변적으로 증명하셨습니다. 예수님은 자신이 왜 소그룹의 형식을 선택하셨는지 직접 설명하신 적이 없습니다. 그리고 교회는 반드시 소그룹으로 조직되어야 한다는 명령을 하신 일도 없습니다. 그럼에도 초대 교회는 예수님의 전례를 따라 수많은 작은 모임들로 구성된 독특한 성격의 공동체를 이루어 갔습니다.

최초의 교회인 예루살렘교회가 가장 좋은 예가 될 것입니다. 그들은 모두 함께 모이기도 했지만, 실제적인 성도의 교제와 새 생명의 기쁨을 맛볼 수 있었던 곳은 가정에서 모이는 소수의 그룹에서였습니다(행 2:42,46 참조). "그들은 가정 교회와 같은 매우 기동성이 높은 형식을 통하여 교제의 단위를 이루고 있었다. 그들은 사적으로 만나기도 하였고 공적으로 모이기도 하였다. 그들은 이 작은 교제의 단위를 사회의 각 계층 안에 만들어 두고, 그들과 접촉하는 모든 계층의 사람들이 죄에서 자유케 되는 해방의 메시지를 들으며 그 메시지가 주는 영향을 볼 수 있게 하였던 것이다. 그들에게는 대단한 신축성이 있었으나 무질서는 존재하지 않았다."[68]

오늘날의 교회 역시 신약시대의 교회처럼 소그룹이 필요합니다. 교회가 그리스도의 몸이 가지는 기능을 다시 회복하기 위해서는 초대 교회의 체질로 다시 돌아가지 않으면 안 됩니다. 교회 안에서 이루어지는 제자훈련도 마찬가지입니다. 제자훈련은 평신도 사역자를 세우는 일뿐만 아니라 교회의 체질을 유기적인 성격으로 바꾸어 인격적인 관계 형성에 강조점을 두게 하는 데에 또 하나의 목적이 있습니다. 따라서 제자훈련의 과정에서도 소그룹이 갖는 의미는 매우 큽니다. 우리가 예수님의 모습을 가장 가까이에서 볼 수 있는 곳이 바로 소그룹 아닙니까!

내가 섬기고 있는 사랑의교회에는 수많은 소그룹들이 있습니다. 다른 교회들에도 '구역' '목장' '셀' '속' 등 다양한 이름의 소그룹들이 존재하겠지만, 내가 가까이에서 만나고 겪은 소그룹이 사랑의교회의 '다락방'들이기 때문에 몇몇 다락방의 이야기들을 인용하고자 합니다.

지금 하고자 하는 이야기는 사랑의교회의 여자 직장인 16다락방의 이야기입니다.

연약한 순원들을 맡아 순장의 사역을 시작하게 된 유 집사는 자신이 이들을 위해 무엇을 할 수 있을까 오랫동안 고민했습니다. "결국 순장으로서 그들을 위해 할 수 있는 것은 기도밖에 없었어요. 매일 그들을 위해 무릎을 꿇었습니다. 시간이 지나자 순원들의 드세고 다듬어지지 않은 모습은 간 데 없고, 성숙한 신앙인으로 제 앞에 서 있었어요. 부족한 나를 믿고 잘 따라 준 순원들에게 고맙고, 하나님께 감사할 뿐입니다."

여자 직장인 16다락방의 순원들은 유 집사의 '눈물의 기도'를 기억합니다. 그 기도는 순원 한 사람 한 사람의 가슴에 '사랑'이란 이름으로 새겨져 있습니다. 한 순원의 말입니다. "저는 다락방을 통해 많은 은혜를 경험했어요. 특히 순장님과 여러 순원들의 은혜에서 나오는 간증은 저를 성장시키는 원동력이었어요. 다락방이 없었다면 꾸준한 신앙생활을 하기 힘들었을 거예요."

또 다른 순원은 이렇게 고백했습니다. "대형 교회라는 특성상 형식적인 신앙생활로 흐를 수 있겠다는 걱정이 앞섰죠. 하지만 하나님께서는 저를 위해 아름다운 사람들을 준비하고 계셨습니다. 바로 우리 다락방 식구들 말이에요. 저와 같은 초신자들에게 다락방은 깜깜한 밤을 밝히는 등대와 같은 역할을 한다고 생각해요."

소그룹은 사람들의 태도와 가치관과 성격에 새로운 변화를 일으키는 중요한 역할을 합니다. 하나님의 자녀들이 소그룹에서 말씀을 중심으로 영적인 깊은 교제를 나누면 성령께서 그들을 치료하는 일을 하십니다. 소그룹은 성령이 사용하시는 자연스러운 채널입니다. 대집회에서 기대할 수 없는 일이 소그룹에서 일어나는 것은 소그룹이 지닌 치료의 기능[69]에 그 원인이 있습니다. 소그룹의 치료의 기능에는 여러 가지가 있겠으나, 그중 몇 가지 중요한 것들을 살펴보도록 합시다.

우선 '일반화'(Universality)의 요소를 들 수 있습니다. 소그룹에 참석하는 사람들은 각자가 자기만이 아는 문제를 안고 있습니다. 그것은 아무에게나 함부로 털어놓을 수 없는 비밀일 수도 있습니다. 어떤 경우에는 용서를 받을 수 없다는 깊은 죄의식까지 수반하고 있습니다. 그러나 소그룹에서는 자기 개방이 다른 형태의 모임에서보다 쉽게 나타난다는 특징이 있습니다. '알고 보니 나만 안고 있는 문제가 아니었구나' 하는 공감대는 그룹의 분위기를 바꾸어 놓을 뿐 아니라 상호 인간관계를 깊은 동정과 사랑으로 묶어 놓습니다.

물론 자기 개방을 한다고 해서 무엇이나 털어놓는 것은 아닙니다. 하나님의 말씀에 각자 자신을 비추어 보면 성령이 고백하게 하고 간증하게 하시는 것입니다. 이때에 성령께서는 마음을 여는 열쇠로 말씀을 사용하십니다. 그러므로 소그룹 안에서 나누는 각자의 말에는 진실과 간절함이 들어 있습니다. 다른 사람을 끌어들이는 힘이 있습니다.

이와 같이 모든 사람들이 말씀을 깨닫고 느낀 바를 근거하여 자기를 이야기하는 분위기에서는 하나님의 말씀 앞에 한 사람도 완전한 자가 없으며 모두가 멀리 보이는 목표를 향해 꾸준히 걷고 있는 보행자라는 것을 알게 됩니다. 그러면 한결 가벼운 마음으로 말씀에 접근하며 형제들을 이해하고 사랑하게 됩니다. 우리는 다 한 배를 타고 있습니다.

두 번째로 중요한 치료 요소로 '인격 상호간의 학습'(Interpersonal Learning)을 들 수 있습니다. 그룹 안에서 자기 개방이 가능해지면 그 모임은 각자가 그 속에서 자기 자신을 재발견하고 재형성하는 작은 사회의 성격을 띠게 됩니다. 다른 사람을 통해 자기를 더 정확하게 배우게 되는 것입니다. 자기의 말과 행동이 다른 사람들에게 무엇을 의미하는가를 평가할 수 있게 됩니다. 자기에게 무엇이 부족한지 다른 사람과 비교하면서 배우게 됩니다. 동시에 자기의 장점도 쉽게 발견합니다. 영적으로 어떤 은사를 받았는지도 서로의 관계를 통해 알게 됩니다. 그리고 그 은사를 함께 나누는 데서 자신의 역할의 비중을 알게 됩니다.

자기가 남에게 중요한 존재라는 사실을 알게 되는 것만큼 한 사람의 태도와 성격에 큰 변화가 일어나는 일도 드물 것입니다. 성령께서 우리의 인격을 그가 원하시는 방향으로 다듬으실 때 다른 사람을 사용하신다는 것이 얼마나 놀라운 진리입니까? 사람은 사람을 통해 배웁니다.

사랑의교회 서초3동 1다락방 순원인 유 집사는 다락방에 대해 이렇게 말했습니다. "대형 교회에 다닌다는 것은 익명성이 보장되기 때문에 어떤 의미에서는 편안한 신앙생활을 보장받는다고 할 수 있을 거예요. 그런 만큼 성도 간의 교제가 어려워 손님으로 다니는 느낌을 많이 받았던 것이 사실이고요. 하지만 다락방을 통해 성도 간 교제가 무엇인지 알 수 있게 되었고, 적은 숫자가 함께 교제한다는 것이 얼마나 큰 기쁨이고 신앙에 격려가 되는지 새삼 깨닫게 되었습니다."

인격의 완성은 인격적 상호관계를 통한 학습에서도 얻어진다는 것을 우리는 소그룹을 통해 잘 알 수 있습니다. 그러나 인격 수정이나 새사람을 입는 과정이 반드시 소그룹에서만 일어나는 것은 아닙니다. 교회 생활 전반을 통해 계속적으로 체험되는 것이 사실입니다. 단지 소그룹 안에서는 그 가능성이 훨씬 높다는 것을 말하는 것입니다.

세 번째로 '모방'이라는 요소를 소그룹에서 빼놓을 수 없습니다. 소그룹 안에서는 지도자뿐 아니라 그룹 안에 있는 모든 형제자매들이 모방의 대상이 됩니다. 목회자가 신앙생활이나 성경 지식에서 앞선다고 해서 평신도들이 감동하지는 않습니다. 대신 그룹 내의 한 형제가 자기보다 앞선다고 생각되면 그의 좋은 점을 본받으려는 강한 의지가 생기곤 합니다. 서로를 가까이에서 볼 수 있는 소그룹에서는 각자가 모범의 위치에 서서 다른 형제들이 모방하게 하는 주체가 될 수 있는 것입니다.

네 번째로 그룹에 대한 '애착심'(Cohesiveness)이 소그룹 구성원들을 치료합니다. 이것은 자기가 속한 소그룹이 자기에게 중요하고, 소그룹 역시 자기를 필요로 한다는 것을 느낄수록 강해집니다. 강한 애착을 가지면 가질수록 그들은 거기서 받는 지도와 결정에 그만큼 더 의존하게 됩니다. 그룹에 대한 애착심이 강하면 그 모임은 더 생산적이고 사기가 높으며, 효과적으로 운영할 수 있습니다. 분위기도 밝고 화기애애해지며 출석률도 대단히 좋아집니다.

사랑의교회 일산 후곡 2다락방에는 가슴 아픈 역사가 있습니다. 순장의 눈물로 시작된 다락방의 첫 모임입니다. 이 집사는 순장 파송을 받고 기대와 염려 속에 후곡 2다락방을 시작했습니다. 첫 모임이 열리기 전 순장인 이 집사는 조마조마한 심정으로 모든 순원들에게 전화를 걸었고, 걱정했던 것과는 달리 어렵지 않게 참석 약속을 받아낼 수 있었습니다. 그는 들뜬 마음으로 순원들과 함께 나눌 말씀과 음식을 준비했습니다. 그러나 약속한 시간이 되었으나 끝내 초인종은 단 한 번도 울리지 않았습니다.

"모든 것이 내가 부족해서 그런 것만 같았어요. 순원들의 약속만을 믿고 의기양양했던 나의 모습을 회개하며 눈물의 기도를 드렸습니다. 약속대로 모든 순원들이 참석했다면 아마 제 마음은 교만으로 가득 찼겠죠. 하나님이 미리 아시고 저의 부족함을 깨닫게 하신 것 같아요."

후곡 2다락방의 한 순원은 그 시절을 회고하며 이렇게 말합니다. "얼마의 시간이 지나 순원들이 단 한 사람도 참석하지 않았다는 사실을 알았어요. 먼저 순장님에게 인간적으로 미안한 생각이 들었고, 신앙인의 본분을 다하지 못했다는 것에 회개의 기도를 드렸습니다. 당시 순장님의 참담했을 심정을 생각하며 반성하고 각오를 새롭게 다집니다. 만일 그 사건이 없었다면 오늘의 후곡 2다락방은 없었을 거예요."

이 사건은 순원들의 마음가짐을 바꿔 놓는 계기가 되었습니다. '나 하나쯤이야' 하는 생각이 '내가 안 가면 순장님 혼자 다락방을 지키실지도 몰라' 하는 염려의 마음으로 바뀌었습니다. 순장 이 집사도 자신의 부족함을 회개하며 다락방 부흥을 위해 할 수 있는 일이 무엇인가를 고민하고 기도하며 답을 찾았습니다. 결론은 사랑과 헌신이었습니다. 다른 대안이 없다는 결론에 도달한 이 집사는 무조건 사랑을 주고 헌신하자는 생각으로 순원들을 섬겼습니다. 그리고 이제 후곡 2다락방의 제일 큰 자랑거리는 '결속력'이 되었습니다. 고통의 과정을 이겨 내고 얻은 결실이기에 더욱 값진 것입니다.

이와 같은 소그룹이 가진 다양한 치료 요소 가운데 마지막으로 한 가지 더 언급하고 싶은 것은 소위 '카타르시스'(Catharsis)라는 치료 요소입니다. 사람들은 대개 자기의 생각은 말하지만 느낀 점은 좀처럼 표현하지 않으려 합니다. 감정의 교환은 거기에 어울리는 환경이 주어져야 가능한 것입니다. 소그룹은 모든 구성원이 자기가 느끼는 바를 어려움 없이 표현할 수 있는 따뜻한 분위기를 만들어 준다는 점에서 큰 이점을 가지고 있습니다.

비교적 적은 수의 형제자매들이 모여 마음과 마음이 사랑으로 연결되면 각자가 느낀 바를 솔직하게 표현하고, 평소에 숨겨 두었던 고민을 털어놓는 일이 자주 일어납니다. 말하고 싶었던 것을 마음에 담고 속 시원하게 하소연할 대상을 찾지 못해 답답해하던 자들이 소그룹에서 그 배출구를 발견하는 것은 너무나 자연스러운 현상입니다. 성령께서 사람을 치료하실 때 그가 창조하신 인간의 심리에 어긋나지 않게 작업하신다는 것을 아는 것은 교회가 감당해야 할 치료 사역에 큰 영향을 끼칩니다.

지금까지 우리는 소그룹이 지니고 있는 기능과 그 치료 요소에 대해 생각해 보았습니다. 이것은 제자훈련의 환경을 소그룹에서 찾는 이유가 지도자가 효과적으로 다룰 수 있는 숫자에만 있지 않다는 것을 말하는 것입니다. 제자훈련에는 함께 둘러앉아 말씀의 거울에다 각자의 마음을 반사시키는 데서 일어나는 영적 변화가 필요합니다. 다시 말해, 인격적인 상호 관계를 통해 일하시는 성령의 역사에 큰 비중을 두고 있다는 말입니다. 이와 같은 목적에 가장 알맞은 환경이 소그룹이라는 것입니다.

그러므로 교회 안에서 성인으로 구성된 모든 소그룹은 자격 있는 평신도 지도자들이 맡지 않으면 바람직한 효과를 기대할 수 없습니다. 이런 의미에서 제자훈련 소그룹은 훈련과 치료를 겸한 그룹의 성격을 둘 다 활용할 수 있는 가장 적절한 수단이라고 볼 수 있습니다. 바로 예수님이 3년 동안 진액을 쏟아 제자들을 가르치시면서 함께 울고 웃으셨던 자리가 소그룹이었기 때문입니다.

모든 민족을 제자 삼으라

> 예수께서 나아와 말씀하여 이르시되 하늘과 땅의 모든 권세를 내게 주셨으니 그러므로 너희는 가서 모든 민족을 제자로 삼아 아버지와 아들과 성령의 이름으로 세례를 베풀고 내가 너희에게 분부한 모든 것을 가르쳐 지키게 하라 볼지어다 내가 세상 끝 날까지 너희와 항상 함께 있으리라 하시니라_ 마 28:18-20

이 말씀은 갈릴리에서 예수님의 승천하시는 모습을 직접 목격한 열한 제자에게 주어진 명령이지만, 오늘날 전 교회의 전 성도에게 주신 명령이기도 합니다. 어느 누구도 예외가 될 수 없으며, 예수님이 유언처럼 남기신 가장 큰 명령이기에 우리는 이 말씀을 대사명(大使命)이라고 합니다.

그러나 현대 한국 교회는 사도들이 주님으로부터 직접 받았던 대사명, 즉 선교적 소명을 전 평신도가 계승하고 있다는 중요한 사실을 간과하고 있습니다. 소명이 마치 특정한 사람들의 전유물이나 되는 것처럼 이야기하는 풍토가 한국 교회에 팽배해 있습니다. 물론 목회자나 선교사는 특별한 소명을 받은 자임에는 틀림없습니다. 그러나 몇 사람의 특별한 소명을 내세우다가 교회의 본질을 포기하는 것은 중대한 실수가 아닐 수 없습니다. 지상 교회 자체가 사도들이 받은 소명을 계승하고 있는데, 어찌 교회의 주체인 평신도가 그 소명에서 자유로울 수 있단 말입니까! 평신도 당신이야말로 온 천하에 다니며 복음을 전하라는 명령을 받고 그대로 순종하다 순교한 베드로의 계승자입니다.

전 성도가 사도들이 받은 대사명을 계승하는 일이 얼마나 본질적인 과제인지 한 번 더 확인하기 위해 신약성경에 나오는 하나님의 뜻을 살펴볼 필요가 있습니다. "신약성경에서 하나님의 뜻(Thelema)이라는 말의 복수형은 거의 완전할 정도로 찾아볼 수 없다. 하나님의 뜻은 단수형으로 표현되어 있다."[70] '뜻'이라는 단어가 단수인 것은 하나님의 계획이 오직 한 가지 목적을 지향하고 있다는 말입니다. 그 목적은 예수 그리스도를 통하여 세상을 구원하는 자기 자신의 구속 사역을 완성하는 것입니다.

예수님이 사마리아 여인을 구원하신 다음 "나의 양식은 나를 보내신 이의 뜻을 행하며 그의 일을 온전히 이루는 이것이니라"(요 4:34)라고 말씀하신 것이나, 70인의 제자들이 전도여행을 마치고 보고를 드릴 때 성령으로 기뻐하신 이유가 바로 여기에 있습니다(눅 10:21 참조).

사도 바울은 교회가 하나님께 영광을 돌리는 길은 다른 데 있는 것이 아니라 온 천하에 있는 사람들이 예수 그리스도를 주님으로 시인하게 되는 것, 이것이 바로 하나님의 영광과 직결된 하나님의 유일한 뜻이라고 선언합니다(빌 2:10-11 참조).

전 성도가 사도의 사역을 계승하기 위해 존재한다는 것은 주님이 교회 위에 부어 주신 성령께서 하시는 일을 보아도 분명히 알 수 있습니다. 교회의 사도적 본질과 성령은 불가분의 관계를 가지고 있습니다. 성령은 오셔서 하나님의 백성으로 선택받은 자들을 불러 예수님을 직접 목도한 사도들의 증거를 그대로 받아 믿고 고백하게 하십니다. 그리고 구원받아야 할 다른 양들을 위해 먼저 부른 그들을 소명에 응하게 하시고, 능력으로 무장시켜 주십니다. 이제 세상은 성령을 통해 그리스도를 옷 입고 생활하며 이야기하는 새로운 종류의 사람들을 만나게 된 것입니다. 이들이 바로 증언하는 공동체인 교회의 평신도입니다.

"내가 아버지께로부터 너희에게 보낼 보혜사 곧 아버지께로부터 나오시는 진리의 성령이 오실 때에 그가 나를 증언하실 것이요 너희도 처음부터 나와 함께 있었으므로 증언하느니라"(요 15:26-27). 세상에서 하나님의 뜻을 이루기 위해 오셨던 예수님과 그의 위에 기름 붓듯 넘치게 임하셨던 성령의 관계는 바로 사도들과 성령, 교회와 성령의 관계를 설명하는 것과 같습니다.

> "예수님 자신이 세례를 받으시면서 성령의 능력으로 기름 부음을 받았던 것같이 그의 제자들 역시 유사한 방법으로 기름 부음을 받아 주님의 일을 실천에 옮길 수 있게 되었다. 제자들이 해야 할 주님의 일은 증인이 되는 것이었다. 이것이 바로 사도행전을 통해 나타나는 사도들의 설교에서 탁월하게 돋보이는 주제였다."[71]

예수님께서 세례를 받으시고 성령으로 충만하시자마자 오랜 세월의 침묵에 종지부를 찍게 되고 드디어 하나님이 다시 말씀하시기 시작하였습니다. 예수님에게 임하셨던 그 성령께서 교회 안에 계시는 이상, 침묵은 반드시 끝이 나지 않으면 안 됩니다. 성령행전이라는 별명을 가진 사도행전 전체를 통해 증인 혹은 증언이라는 말이 30여 차례나 나오는 것은 교회가 절대로 입을 다물 수 없었기 때문입니다.

제자와 증인의 관계를 다루면서 우리가 간과할 수 없는 문제가 하나 있습니다. 그것은 앞서 언급한 바와 같이 복음서와 사도행전에 나오는 증언은 모두 입으로 전하는 말의 전도였다는 사실입니다. 제자들의 증언은 복음을 말하는 것이었지 그들의 선한 생활이 일으키는 감동이 아니었습니다. 초대 교회 성도들이 예수님을 자기 개인의 이상적인 도덕적 모델로 보고 그를 적극적으로 모방하는 데 관심을 가지기보다 그가 세상의 주와 그리스도 되심을 열심히 증언하기를 원하였던 이유가 어디에 있었을까요? 왜 그들은 가장 먼저 "또 종들로 하여금 담대히 하나님의 말씀을 전하게 하여 주시오며"(행 4:29)라고 기도했을까요?

그들은 예수님의 온전하신 인격을 본받는 윤리적인 면에는 관심이 없는 듯, 입으로 예수님을 이야기하는 일에만 미쳐 있었습니다. 그들이 핍박을 당한 것은 그들의 말 때문이지 선한 행위 때문이 아니었습니다. 선행은 절대로 복음의 핍박을 불러들이지 않습니다. 엄밀한 의미에서 선행은 완전한 증언이 될 수 없는 것입니다. 그러므로 말로 전하는 복음이 빠진 증언은 세상을 구원할 수 없습니다. 간혹 어떤 사람이 자기의 선한 행위를 통해 증언한다고 생각하는 그 예수는 십자가에서 대속의 죽음을 당하신 예수가 아닐 수 있는 것입니다.

사도들이 다 사라진 후에도 초대 교회는 수백 년 동안 핍박을 받아가면서 입으로 예수를 증언하는 일을 포기하지 않았습니다. 그 당시에는 성도들이 모이는 모든 소그룹과 모든 교회가 선교 단체였고, 모든 성도가 선교사들이었습니다. 성도들은 누구나 자기의 가까운 동료노예에게, 자기의 주인과 여주인에게 자신이 구원받게 된 이야기를 마치 선원이 조난을 당하였다가 구사일생으로 살아와서 이야기하듯이 전했던 것입니다.[72]

참 증언이 말로 전하는 데 있다고 해서 행위의 증언을 부인하는 것은 아닙니다. 행위 역시 말로 전하는 것만큼 중요합니다. 말의 전도와 행위의 전도 가운데 어느 한쪽을 부인하면 심각한 문제가 일어날 수 있습니다. 그러나 초대 교회 제자들에게는 말의 전도가 압도적으로 우세하였습니다. 만일 우리가 행위의 전도만을 계속 강조하면 그것은

"와 보라"의 예수 그리스도 대신 선하게 보이는 자기 자신을 내세울 수 있다는 점을 명심해야 합니다.

예수님의 제자로 훈련받는 것은 우리의 전 생활 영역에서 예수님을 고백하고 증언하는 증인이 되는 것입니다. 내가 받고 있는 제자훈련의 건강을 진단하는 방법 가운데 하나는 내가 얼마나 예수 그리스도를 전하고 싶어 안달하는지 살펴보는 것입니다. 건강한 제자훈련은 성령이 주시는 내적 충동을 억제하기 어려운 증인들을 만들어 내기 때문입니다.

하나님께서 성도를 불러 이 땅에 세우신 교회는 다가올 하나님 나라를 세상에 미리 보여 주는 청사진입니다. 결코 완전하게 보여 줄 수는 없겠지만, 최소한 닮은꼴이어야 하는 것입니다. 예수님의 냄새가 나야 하는 것입니다. 그렇지 않으면 성도가 이 땅에서 일생을 살아가야 할 이유는 없습니다. 오히려 변화산[73] 꼭대기에 초막을 짓고 평생 살거나, 동굴 속에서 말씀 읽고 기도하며 부활을 기다리는 게 죄 덜 짓고 살 수 있는 좋은 방법일지 모릅니다.

하나님이 세상 속에 교회를 세우신 것은 그만큼 우리에게 책임을 지우신 것입니다. 내가 들은 복음을 다른 사람에게 전하고 말씀대로 살도록 가르쳐서 그 사람이 또 다른 사람을 훈련하도록 하는 것, 세상이 성도를 통해 예수를 보는 것, 온 세상에 예수 그리스도의 제자가 가득해지는 것, 이것이 우리에게 보여 주신 하나님의 목표입니다. 그리고 온 세상에 예수 그리스도의 복음이 전해져서 모두가 그의 영광을 보게 되는 날, 하나님 나라가 이 땅에 임할 것입니다.

그런 의미에서 제자훈련은 성도와 교회가 선택할 수 있는 사항이나 일개 방법론이 아닙니다. 이것은 성령이 임하신 모든 사람이 예외

없이 받은 사명입니다. 개개인이 받은 사명이며, 전 성도가 함께 받은 사명입니다. 그래서 우리는 각기 다른 모습과 다른 은사를 가졌으나 우리가 가야 할 길은 하나, 오직 제자의 길입니다. 이 길은 언제 끝날지 알 수 없는 길이지만, 혼자 가는 길이 아니기에 힘이 나고 내 안에서 힘 주시는 분으로 인해 결국 승리할 것을 알기에 즐거운 길입니다.

그리고 나는 이 길 끝에서 만나게 될 온 땅에 가득한 주의 증인들과 자신의 형상으로 나를 지으신 주 예수 그리스도를 기대하는 것입니다. "아멘, 주 예수여 오시옵소서"(계 22:20).

1 John Stott, *One People*, p.28.

2 제사장 : 구약시대에 백성들을 대표해 하나님께 드리는 제사를 주관하던 성직자. 거룩히 구별된 삶을 살았다.

3 바울 : 본명은 사울로, 본래 열렬한 유대교도였다. 그리스도인들을 잡으러 가던 중 예수님을 만나 부르심을 받고 사도가 되어 이름을 바울로 개명했다. 평생 전 세계에 복음을 전하는 일을 했으며, 그가 교회들에 쓴 열네 편의 편지가 신약성경에 포함되어 기독교 신학의 기틀이 되었다.

4 은사 : 하나님의 은혜가 말이나 행동을 통해 가시적으로 표출되는 것.

5 에서 : 구약성경에 나오는 이삭과 리브가의 큰아들이며 야곱의 쌍둥이 형.

6 예수님의 공생애 : 예수님이 공적으로 사역하신 약 3년간의 기간.

7 윌리엄 바클레이, 《예수의 사상과 생애》, p.89.

8 윌리엄 바클레이, 《예수의 사상과 생애》, p.92.

9 유대인 : 이스라엘 민족으로 유대교 신앙을 가진 자이며, 예수님과 그 복음을 대적하던 무리들.

10 사마리아인 : 이스라엘 사마리아 지방에 살던 사람들로서 혼혈인이 많다는 이유로 유대인들에게 멸시와 박해를 받았다. 사마리아인들과 유대인들은 서로 말을 주고받지 않을 정도로 적대적이었다.

11 이방인 : 유대인들이 이스라엘 민족 외의 사람을 통칭하는 말로 타 민족들의 우상과의 연관성 때문에 '하나님을 모르는 자들'이라는 의미를 내포하고 있다.

12 마이클 윌킨스, 《제자도》, p.273.

13 복음서 : 신약성경 중 예수님의 생애에 대해 남긴 기록. 마태복음, 마가복음, 누가복음, 요한복음 네 권으로 사복음서라고도 한다.

14 John Calvin, *Commentary on a Harmony of Evangelicals*, Vol.I, pp.471, 472.

15 존 번연 : 기독교 역사상 성경 다음으로 많이 읽힌 《천로역정》의 저자.

16 상속자 : 상속을 받는 사람.

17 초대 교회 : 예수님이 부활하신 후 제자들에 의해 시작된 첫 교회들.

18 누가 : 의사로, 바울의 전도여행을 함께하였으며 예수님의 생애에 관해 기록한 누가복음을 저술했다.

19 사도 : 부활하신 예수님을 경험하고 그 증인이 될 수 있는 사람들로 예수님의 열두 제자와 바울, 예수님의 친형제인 야고보(갈 1:19), 바나바(행 14:14), 안드로니고와 유니아(롬 16:7) 등이 사도로 불렸다. 이 밖에 실라(행 15:22)와 에바브로디도(빌 2:25)도 '사자'(사도)라고 불렸다.

20 스데반 : 초대 교회의 일곱 집사 중 한 명으로, 열심히 봉사하고 말씀을 전파하다가 유대인들의 손에 죽은 기독교의 첫 순교자. 이 사건으로 인해 이스라엘 전 지역으로 복음이 전해지기 시작했다.

21 T. F. Torrance, *Service in Jesus Christ*, pp.1, 2.

22 유월절 : 이스라엘 민족이 애굽을 탈출하던 날을 기념하여 지키는 날로, 이스라엘 민족을 대신하여 죽은 유월절의 속죄양은 그리스도를 뜻한다.

23 D. Bonhoeffer, *The Cost of Discipleship*, p.79.

24 베드로 : 형제 안드레의 인도로 예수님을 만났으며, 열두 제자 중 하나로 적극적인 성격을 갖고 있었으나 예수님이 잡히시던 밤에 예수님을 세 번이나 부인하는 등 나약한 모습도 보였다. 하지만 예수님이 부활하신 후 제자로서의 사명을 부여받아, 능력 있는 사도의 삶을 살다가 로마에서 순교한 것으로 보인다. 베드로는 교육을 제대로 받지 못한 사람이었지만 성령의 능력으로 힘 있게 복음을 전하였고 베드로전서와 베드로후서를 기록했다.

25 안드레 : 세례 요한의 제자였으며 예수님의 제자로 선택된 첫 번째 사람이다. 그는 어부로 생계를 꾸리면서 형 시몬과 함께 동업을 했으며, 그를 예수님께 인도해서 함께 제자로 부르심을 받았다.

26 야고보 : 세베대의 아들로 갈릴리 호수에서 물고기를 잡다가 예수님의 부르심을 받았다. 예수님으로부터 '우레의 아들'이라는 별명을 얻었던 그는 예수님을 정치적인 메시아로 생각하여 세상적인 지위를 구하던 사람이었으나, 예수님의 부활을 경험한 후 죽기까지 복음을 전하는 사람으로 변해 열두 제자 중 처음으로 순교했다.

27 요한 : 예수님의 제자로 야고보의 동생이었다. 예수님의 총애를 받았던 제자 중 하나이며 예수님의 빈 무덤을 직접 목격한 사람이었다. 사랑의 사도라 불리우며, 요한복음과 요한일 · 이 · 삼서, 요한계시록을 기록했다.

28 레위 : 당시 유대인들에게 멸시받는 세리였던 레위는 세관에 앉아 있다가 예수님이 부르시자 곧장 따라나섰다. 그는 예수님을 위해 자기 집에서 잔치를 벌였으며, 이로 인해 예수님은 유대인 종교 지도자들에게 비판을 받으셨다(눅 5:27-32 참조).

29 가룟 유다 : '하나님 찬양'이라는 이름과는 반대로 예수님을 은 30개에 팔아버린 제자다. 유대인 종교 지도자들에게 예수님을 판 후 양심의 가책을 받아 목을 매어 죽었다.

30 아브라함 : 이스라엘 역사의 핵심적인 인물이며, 믿음의 조상으로 이름은 '열국의 아비'라는 뜻이다. 메소포타미아의 도시 우르에서 출생하였고 하나님 한 분만을 섬기기 위해 고향을 떠났다. 이때 하나님은 그가 복의 근원이 될 것이라고 말씀하셨는데, 그로부터 25년 후인 100세가 되던 해에 아들 이삭을 낳았다. 그리고 그는 이삭을 제물로 바치라는 하나님의 시험에 합격했으며, 175세에 아내인 사라가 묻힌 헤브론에 있는 막벨라 굴에 묻혔다.

31 맥스 루케이도(Max Lucado, 1955-) : 미국 텍사스 주 산안토니오 소재 오크힐 그리스도교회의 목사이며, 미국에서만 1,500만 부 이상 판매 기록을 가진 미국 기독 출판계 최고의 베스트셀러 작가. 대표작으로 《예수님처럼》(복있는사람), 《예수가 선택한 십자가》(두란노), 《너는 특별하단다》(고슴도치) 등이 있다.

32 헨리 나우웬(Henri Nouwen, 1932-1996) : 가톨릭의 사제이며 심리학자. 오랫동안 예일 대학교와 하버드 대학교 심리학과 교수로 재직했다. 대표작으로 《상처 입은 치유자》, 《영적 발돋움》, 《춤추시는 하나님》(이상 두란노) 등이 있다.

33 달란트 : 저울로 무게를 다는 최대의 단위로 많은 양의 금과 은의 무게를 재는 데 사용되었다. 신약시대의 1달란트는 20.4kg 정도였고 6천 데나리온에 해당했다.

34 데나리온 : 신약시대에 하루치 일당으로 주던 은전으로 백 데나리온은 일만 달란트의 육십만분의 일이다.

35 손양원 목사의 일생에 관한 내용은 안용준 《사랑의 원자탄》(성광문화사), 손동희 《손양원 목사 옥중 목회》(보이스), 손동희 《나의 아버지 손양원 목사》(아가페)를 참고, 인용하였다.

36 에녹 : 365년 동안 하나님과 동행하는 삶을 살았고, 하나님을 기쁘시게 했기 때문에 죽지 않고 살아서 승천함으로 예수 그리스도의 재림 때 죽지 않고 휴거될 성도들의 예표가 되었다. 예수님을 제외하고 살아서 하늘로 올라간 사람으로 에녹과 엘리야 두 사람이 성경에 기록되어 있다.

37 요셉 : 야곱의 아들로 열두 명의 형제 중 아버지의 사랑을 독차지했다. 17세에 형들의 미움을 사서 은 20개에 노예로 팔려가 애굽(이집트)에서 종살이를 하다가 누명을 쓰고 감옥에 갇힌다. 후에 왕궁으로 불려가 바로(파라오)의 꿈을 해석하여 그 공으로 애굽의 총리가 된다. 고난과 시련 가운데서도 하나님의 뜻을 행하고 용서의 삶을 살았던 요셉의 일생은 여러 면에서 예수 그리스도와 유사하다.

38 엘리야 : 선지자. 당시 이스라엘의 왕이었던 아합은 우상숭배를 받아들여서 이스라엘에 퍼뜨렸는데, 바알과 아세라 등 우상의 사당을 세웠고 선지자 850명을 두었다. 엘리야는 이러한 아합의 종교 정책에 대항하여 하나님 신앙을 고수하였으며, 갈멜 산에서 바알의 선지자 450명과 대결하여 하나님이 참 신이심을 온 이스라엘에 드러냈다. 후에 회오리 바람에 싸여 죽지 않고 하늘로 승천했다.

39 Michael Green, *Evangelism in the Early Church*, p.172. 재인용.

40 존 위클리프(John Wycliffe, 1320~1384) : 영국의 선구적 종교개혁자. 신앙과 구원에 관한 최고의 권위가 성경에 있다고 확신하고 교황권에 대항해 교회개혁 운동에 앞장섰는데, 이것을 후세에서 위클리프 운동이라 부르고 있다. 성직자의 악덕과 가톨릭의 교리를 비판하고 참된 복음을 설교하는 한편, 성경을 영어로 번역하여 평신도들에게 보급하는 사업을 벌였으며, 백수십 편의 저술을 남겼다. 1415년 콘스탄츠 공의회에서 이단으로 단죄되어 그의 유해는 저서와 함께 불태워졌다.

41 마르틴 루터(Martin Luther, 1483~1546) : 독일의 종교개혁자, 신학자. 비텐베르크 대학교에서 성서학 강의를 하던 시절, 하나님은 인간에게 행위를 요구하는 것이 아니라 예수 그리스도를 통해 인간에게 접근하고 은혜를 베풀어 구원하심을 재발견하게 된다. 이에 따라 면죄부(免罪符) 판매에 대한 비판으로 1517년 '95개조 논제'를 발표하는데, 이것이 큰 파문을 일으켜 마침내 종교개혁의 발단이 되었다. 그는 평생 가톨릭교회와 종교개혁 좌파 사이에서 논쟁·대결하면서 성서 강의, 설교, 저작, 성경 번역 등에 헌신함으로써 종교개혁 운동을 추진하였다. 그의 업적은 대부분 문서 형태로 남아 있어 원문의 큰 책이 100권(바이마르판 루터전집)에 이르며, 신약성서를 독일어로 번역하는데 이것이 독일어 통일에 크게 공헌하였다.

42 Bill Hull, *Disciple Making Pastor*, p.29.

43 가정 교회 : 별도로 마련한 교회의 건물이 없이 개인의 집에서 교회를 형성한 것. 초대 교회는 철저한 가정 교회였으며, 가정 교회를 통해 친교, 선교, 구제, 섬김, 나눔이 일어났다.

44 권속 : 집, 가족, 식솔 등을 일컫는 말. 신약성경에서는 가족의 의미로 또는 하나님의 교회를 가리키는 말로 자주 사용되었으며(딤전 3:15; 히 10:21; 벧전 4:17 참조), 로마서에서는 그 집에 속한 모든 자(노예를 포함하여)를 일컫는 넓은 의미의 가족의 개념으로 사용되었다.

45 주후 : '기원후'를 일컫는 기독교 용어. 라틴어로 A.D.(Anno Domini), '그리스도의 해'라는 뜻이다. 신학자 디오니시우스 엑시구스가 《부활절의 서(書)》(525)에서 처음으로 사용하였으며, 예수 그리스도의 탄생을 로마 건국 기원 754년에 두어 연도를 따지는 기준으로 삼았다. '주전'(B.C. : Before Christ)은 그리스도 탄생 전을 뜻한다.

46 야소교 : 조선 시대 후기 기독교가 처음 들어왔을 때 부르던 호칭. 대한예수교장로회의 초창기 명칭은 '조선야소교장로회'였다.

47 병인교난(丙寅敎難, 1866~1871) : 병인박해. 조선 후기 대원군이 가톨릭 교도를 대량 학살한 사건. 프랑스 선교사 12명 중 9명이 학살당한 것을 필두로 불과 수개월 사이에 국내 신도 8천 여 명이 학살되었다. 이 사건으로 산속에 피신하여 쫓겨 다니다가 병으로 죽고 굶주려 죽은 부녀자와 어린이가 부지기수였다고 한다.

48 오문환, 《토마스 목사전》, p.46.

49 오문환, 《토마스 목사전》, p.55.

50 토마스 선교사의 사역에 관한 내용은 《한국 최초의 순교자 토마스 목사의 생애》(생명의 말씀사) pp.67~98를 참고, 인용하였다.

51 언더우드(Horace Grant Underwood, 1859~1916) : 미국인 선교사, 교육자. 한국명 원두우(元杜尤). 1887년 한국 최초의 장로교회인 서울 새문안교회를 설립하였다. 성서번역위원회를 조직하여 성경 번역사업을 주관하는 한편, 1890년에 《한영사전》과 《영한사전》을 출판하고 1900년 기독청년회(YMCA)를 조직하였으며, 1915년에는 경신학교(儆新學校)에 대학부를 개설하여 연희전문학교로 발전시켰다. 한국 개화기에 종교, 정치, 교육, 문화 등 여러 분야에 많은 공적을 남겼다.

52 북장로교 : 미국의 보수적인 개혁파 복음주의 교단. 초기 한국 장로교회는 북장로교선교회(PCUSA)의 선교사들의 영향을 많이 받아 정통 보수주의의 신학적 입장을 견지했다

53 J. Herbert Kane, *A Global View of Christian Missions*, p.265.

54 정석산, *The Evangelization of Korea and The Nevius Principles*, p.68.

55 정석산, *The Evangelization of Korea and The Nevius Principles*, p.68.

56 백낙준, *The History of Protestant Missions in Korea*, p.151.

57 J. Herbert Kane, *A Global View of Christian Missions*, p.265.

58 승법 번식 : 사람들에게 복음을 전하고 양육하고, 양육된 사람들이 또 다른 사람에게 복음을 전하고 양육하는 식으로 전도, 육성, 훈련, 파송을 통해 믿는 자의 수가 급격히 증가하는 양태.

59 다락방 : 사랑의교회 장년부 소그룹 모임의 이름. 한 명의 순장과 그가 지도하는 한 명 이상의 순원으로 이루어진다.

60 순장 : 제자훈련 과정을 마치고 다락방을 인도하는 평신도 지도자.

61 순원 : 다락방의 구성원들.

62 공예배 : 고린도전서 11:17~29, 14:26~32에 기초하여 예수 그리스도께서 부활하신 날을 주일로 정해 교회의 모든 성도가 한자리에서 드리는 일정한 형식의 예배.

63 Hans Küng, *The Church*, p.120.

64 Peter Kuzmic, "The Church and Kingdom of God", 휘턴 83국제복음주의대회.

65 S. C. Farris, *Dic. of Jesus and Gospel*, p.892.

66 존 칼빈, 《기독교강요》, 제4권 1장 1절, 4절, pp.45~51.

67 서신서 : 사도들이 초대 교회 성도들에게 보낸 편지. 바울이 로마교회에 보낸 로마서, 야

길

고보의 야고보서, 베드로가 보낸 베드로전 · 후서 등 21권이 있다.

68 J. Verkuyl, *The Message of Liberation in Our Age*, p.106.

69 Irvin D. Yalom, *The Theory and practice of Group Psychotherapy*, pp.70—104.

70 Gottlob, "*Schrenk*", Theological Dictionary of N. T., Vol.Ⅲ, p.54.

71 F. F. Bruce, *The Book of the Acts*, p.39.

72 Philip Schaff, *History of the Christian Church*, Vol.Ⅱ, pp.20—21.

73 변화산 : 예수님이 베드로, 야고보, 요한과 함께 한 높은 산에 올라가셨을 때 그의 얼굴
과 옷이 변형되어 해같이 빛났다(마 17:1—9; 막 9:2—10; 눅 9:28—36; 벧후 1:16—21).
그곳에서 천국의 영광을 잠시 목격한 베드로는 산 밑으로 내려가지 않고 그곳에서 살고
싶다고 말했다. 이 산의 이름이 무엇이었는지는 정확히 기록되어 있지 않아 흔히 변화산
이라고 부른다.

| 일러두기 |

본문의 성경은 《성경전서 개역개정판》을 주로 사용하였습니다.
이 책은 2004년 3월 17-19일에 서울신학교 신학대학원 춘계신앙수련회에서 옥한흠 목사가
3일에 걸쳐 강의한 "이것이 목회의 본질이다"의 내용을 토대로 정리한 것입니다.

이것이 목회의 본질이다

옥한흠 지음

국제제자훈련원

들어가며

자신의 경험만 의지하는 노련한 농부는 새로운 기술을 배우거나 개선하려는 노력을 하지 않습니다. 전통적인 농사 방식이 최고의 선이라고 믿고, 소출을 늘리기 위해 선택하는 것은 농약의 살포 양을 늘리는 것뿐입니다. 그 결과, 땅은 죽어 가고 종국에는 사람을 병들게 합니다. 그들에게 있어 땅을 살리는 유기농법은 아무짝에도 쓸모없는 농법일 뿐입니다. 눈앞의 결과만을 좇는 그들은 땅을 살리는 길이 자신이 살고, 모두가 사는 길이란 것을 알지 못합니다.

이는 한국 교회 현실에도 똑같이 적용됩니다. 대부분의 목회자들이 목회의 본질을 망각한 채 전통적인 목회 방식의 노예로 지내거나 성장과 부흥이라는 신기루를 좇아 갖가지 세미나를 기웃거리고 있을 뿐입니다. 그 결과, 한국 교회는 병들어 가고 성도들은 건강을 잃어 가고 있습니다. 건강한 교회, 건강한 크리스천으로 사회를 선도하기보다는 타락한 세상 문화에 동화되어 지탄의 대상으로 전락했습니다.

한국 교회의 미래는 다음 세대 목회자들의 어깨에 달려있습니다. 눈앞에 주어진 풍요를 구가하며 다음 세대를 위한 어떠한 준비도 하지 못했다는 비판의 자리에 서 있는 우리 세대 목회자들의 잘못으로 그들의 어깨는 한층 무거워져 있습니다. 그러나 아직 포기할 때는 아닙니다. 목회의 본질을 붙들고 한 사람의 변화에 집중할 때, 주님께서는 넘치는 은혜로 부어 주실 것입니다. 눈앞의 이익보다는 미래를 내다보는 안목이 필요합니다. 유기농법으로 농사를 지으면 얼마간 병충해가 기승을 부릴 것입니다. 마찬가지로 교회의 건강을 회복하기 위한 노력 앞에는 여러 가지 장애가 도사리고 있습니다. 병충해 해결을 위해 쉽게 선택할 수 있는 것은 농약을 살포하는 것이고, 여의치 않으면 그 양을 늘리면 됩니다. 그러나 이것은 미봉책에 불과합니다. 농약 살포 양을 늘린다면 병충해는 막을 수 있을지 모르지만 근본이 되는 땅이 죽어 간다는 사실을 간과해서는 안 됩니다.

교회의 건강을 회복하고 모든 성도들을 그리스도의 장성한 분량까지 성장시키기 위해서는 수많은 난제와 영적 전투를 벌여야 합니다. 이 영적 전투에서 이기기 위해서는 주님이 가르쳐 주신 목회 본질과 흔들리지 않는 목회 철학이 있어야 합니다. 시류에 휩쓸려 유행을 좇기보다는 다소 더디더라도 본질을 붙들고 나아간다면 선한 결과를 낳을 수 있을 것입니다. 목회자의 역할은 영광의 자리에 서는 것이 아니라 평신도가 제자리에 서서 제 역할을 할 수 있게 헌신하는 것입니다. 하나님께서는 언제나 한 사람에게 주목하고 그를 준비시킨 후 그를 통해 주님의 일을 이루십니다. 이것이 지금까지 하나님이 일해 오신 걸음이요, 발자국입니다.

하나님께서 한 사람에게 주목하신 것처럼 우리도 한 사람에게 주목하고 헌신해야 합니다. 예수 그리스도께서 섬김의 모범을 보이신 것처럼 우리도 그들을 섬겨야 합니다. 목회자가 서 있어야 할 자리는 종의 자리입니다. 모든 영광은 오직 주님만 받으셔야 합니다. 우리는 주님의 영광과 섬김을 위한 도구일 뿐입니다. 본질을 붙들고 섬김의 도를 다할 때, 썩어 가는 악취를 털어내고 건강한 교회와 성도로 거듭날 수 있을 것입니다. 그리고 우리는 희망의 내일을 노래할 수 있을 것입니다.

2004. 7
옥한흠

차례

들어가며   111

1   교회로 교회 되게 하라   117

2   작은 자가 천을 이루리라   141

3   한 사람을 완전한 자로   163

I

교회로
교회 되게 하라

평신도, 교회의 주체

교회(the whole church)는 평신도의 교회입니다.
목사 역시 이 교회를 위해 존재하는 것입니다.
목사의 할 일은 평신도가 제자리에 서서 제 역할을 하게 헌신하는 것입니다.
하지만 한국 교회는 오랫동안 평신도를 목회의 대상으로 보았지,
목회의 주체로 보지 않았습니다.
이것이 숫자만 많은 한국 교회가 사회 앞에서 오합지졸로 변해 버린 이유가 될 것입니다.

교회로
교회 되게 하라

저는 제 인생 대부분의 시간을 아날로그 세대에게 목회하며 보냈습니다. 때문에 성도들과 마음이 잘 통하는 편이었다고 자평합니다. 과거에는 성도들이 목사의 말에 순종하는 순진함이 있었고, 가르치면 가르치는 대로 듣고, 불만이 있어도 노골적으로 표현하지 않았습니다. 목사와 평신도 사이에 지켜야 하는 나름의 원칙이 있었습니다. 그리고 암묵적인 공감대가 있었습니다. 그러나 이미 도래한 디지털 세대의 목회는 그리 녹록해 보이지 않습니다. 이 사람들을 대상으로 하는 목회는 그리 쉬운 일이 아님이 틀림없습니다. 세상과 함께 병들어 가고 있는 그들에게서 희망을 찾는다는 것은 과거에 비해 훨씬 어려워졌습니다.

이렇듯 주어진 상황이 악한데, 저를 비롯한 많은 전 세대의 목회자들이 다음 세대 목회자들에게 너무나 큰 짐까지 지우고 떠나는 것 같아 마음이 아픕니다. 부끄럽게도 교회는 하루가 다르게 세속화되어 가고, 목회자들은 너무나 타락했습니다. 이러한 상황을 보고 개탄하지 않는 사람은 교회에서 지도자로 설 자격이 없습니다. 그러나 가치관과 양심이 왜곡된 지도자들이 교회 안에서 큰소리를 치고 있습니다. 그로 인해 기독교의 본질마저 퇴색되어 가고 있는 것이 아닌가 하는 생각이 듭니다. 이렇게 해결해야 할 산적한 문제들을 다음 세대에게 떠넘긴 채 역사의 뒤안길로 사라져야 한다는 것이 참으로 가슴 아픕니다.

앞서간 저의 선배들은 우리를 위해 믿음의 씨앗을 뿌렸고, 신앙의 본을 보였으며, 옥토를 만들기 위한 밑거름이 되었습니다. 그들은 신앙을 지키기 위해 순교의 피를 흘렸습니다. 거룩하게 살기 위해 몸부림을 쳤습니다. 그날 끼니를 때울 음식이 없으면, 뒷산에 올라가 "주님, 한 끼 굶으며 주의 일을 하게 하심을 감사드립니다" 하고 찬양하는 본을 보였습니다. 교회 사이즈에 주눅 들지 않았고, 하나님이 명령만 하시면 어디든지 가겠다는 뜨거운 소명감을 가지고 살다 간 위대한 선배들이었습니다. 그렇기 때문에 그들은 일제의 탄압에서도 기독교의 자존심을 지켜낼 수 있었습니다. 한국전쟁을 통해 민족적인 고난을 겪을 때에도 그들은 가마니를 깔아 놓고 기도하면서 한국 교회를 지켰습니다. 한국 교회 부흥의 불씨가 되었으며, 주역이 되었습니다.

그러나 근대화와 함께 한국 교회의 부흥을 맛보면서 목회자의 길을 걸어온 저의 세대는 불행하게도 다음 세대에게 모범이 되지 못했습니다. 부흥의 달콤함에 젖어 타락의 길을 걸어왔습니다. 그 결과, 본을 보이기보다 오히려 많은 과제를 남겨 놓고 물러가는 추한 뒷모습을 보이고 있습니다. 지금 한국 교회는 어떤 위치에 서 있을까요? 한국 교회가 세상에서 제구실을 하고 있다고 자부할 수 있을까요? 가정에서 제구실을 하고 있는 것일까요? 숫자 놀음에 빠져 스스로의 문제를 볼 수 없는 장애를 안고 있는 것이 한국 교회의 현실입니다. 한국 교회는 이 사회에서 순기능을 발휘하지 못한 지 이미 오래입니다. 교회가 있음으로 인해 사회가 도움을 받는 부분이 도대체 어디에 있다는 말입니까. 냉정하게 생각해 보십시오.

'한국 교회 미래를 준비하는 모임'에서 한국 갤럽에 의뢰해 설문조사를 하였습니다. 그 결과는 우리 자신을 돌아보게 합니다. 종교가 없는 사람들에게 물었습니다. "만약 종교를 갖게 된다면 어떤 종교를 택하겠는가?" 이에 대해 가장 많은 사람들이 불교, 그다음이 가톨릭, 그리고 너무너무 적은 숫자가 기독교를 택하겠다고 응답했습니다. 그 이유는 무엇일까요? 이미 교회가 교회로서의 생명력을 잃어버렸기 때문입니다. 짠맛을 잃어버린 것입니다. 이것은 다음 세대 목회자들에게는 엄청난 짐이 될 것입니다.

작금의 시대는 사회도, 정치도, 경제도, 문화도 소망이 없는 시대입니다. 따라서 차세대 목회자들은 신학교에 다닐 때부터 하나님 앞에서 철저하게 다듬어져야 합니다. 언제든지 하나님의 부르심에 응답할 준비가 되어 있어야 하는 것입니다. 한국 교회의 미래는 차세대 목회자들의 손에 달려있습니다. 다가오는 시대에는 교회가 당대의 소망의 빛으로 타올라야 합니다. 그럴 때 교회와 목회자들이 이 썩어 버린 사회를 책임질 수 있을 것입니다. 교회만 제대로 서면 교회를 만난 사람들이 제대로 서고, 거룩한 삶이 갖는 능력을 발휘하게 되면 사회도 살아나고 국가도 살아날 것입니다. 위기가 없으면 인물이 태어나지 않습니다. 오늘의 위기는 하나님이 목회자들을 크게 사용하시는 근거가 될 것입니다.

저는 신학교에 다닐 때만 해도, 선배 목사들의 모습을 보면서 '목회는 저렇게 하면 되는 거구나' 하는 막연한 생각을 가지고 있었습니다. 말하자면 '어떻게 하면 선배들이 보여 주는 모습대로 나도 잘 따라갈

수 있을까' 하는 고민만 했던 것입니다. 선배들이 보여 주는 목회가 정말 성경이 말하는 목회의 본질인지에 대해서는 고민하지 않았습니다. 그러한 문제로 고민하게 될 기회나 자극도 없었습니다. 우물 안 개구리처럼 교수나 주변 목회자들이 보여 주는 모습대로 틀 안에 갇힌 사고를 했던 것입니다.

그러나 제 마음속 한구석에는 명쾌한 답을 얻을 수 없는 질문이 있었습니다. '목회자가 저렇게 심혈을 기울여 평생을 목회하는데도 왜 사람들은 변하지 않는 것일까. 왜 안수집사가 되고, 장로가 되면 순수한 자세를 잃어버리고, 급기야 교회에 걸림돌이 되는 것일까. 왜 교회가 부흥하지 못하는 걸까.' 교회 밖으로 한 발짝만 나가면 전도해야 할 사람들이 그렇게 많은데, 왜 문 안에서 패를 가르고 싸우고들 있는지 답답할 노릇이었습니다. '이런 교회를 맡아서 평생 씨름하다가 일생을 마치는 것이 목회인가' 하는 생각도 들었습니다.

그도 그럴 것이 저는 다니는 교회마다 좋은 모습을 보기가 어려웠습니다. 어려서부터 몸담고 있었던 시골 교회조차도 제게 너무나도 큰 상처를 주었습니다. 제게 제일 먼저 상처를 준 사람은 장로였습니다. 제가 예수님의 사랑에 푹 젖어서 천국처럼 세상을 살던 초등학교 시절에 교회의 지도자가 저에게 상처를 준 것입니다. 성도가 백 명도 안 되는 그 작은 시골 교회에 목사가 오면 3년을 버티지 못했습니다. 그 장로의 눈에 들지 못하면 3년이 아니라 1년 안에라도 쫓겨나는 판국이었습니다.

한번은 신학교를 갓 졸업한 아주 좋은 목사님이 오셨습니다. 설교도 은혜롭게 잘하시고, 주일 오후면 동네에 나가 북을 치며 전도하는 분이었습니다. 그러면 저는 그 뒤를 졸졸 쫓아다니며 목사님이 전도하는 모습을 지켜보곤 했습니다. 그리고 어떨 때는 동네에서 가장 높은 산에 올라 40일 금식 기도를 하고 내려오기도 하셨습니다. 저의 눈에는 천사와 같은 사람이었습니다. 교인들도 목사님을 잘 따를 수밖에 없었습니다. 이렇듯 교인들의 관심이 목사님에게 집중되자 장로 부부가 목사님을 질투하기 시작했습니다.

2년이 지나자 그 장로는 목사님에게 나가라고 했습니다. 목사님은 나가지 않았습니다. "나는 하나님이 보내서 왔으니, 하나님이 나가라고 하시기 전에는 나가지 않습니다." 그랬더니 하루는 목사님을 방에 가두어 놓고 얼굴에 상처가 남을 정도로 심하게 폭행했습니다. 그래도 나가지 않자, 새벽 기도회 시간에 와서 행패를 부리며 헌금 바구니에 달린 막대로 호롱불을 밝혀 놓은 등잔을 전부 깨뜨려 버렸습니다. 결국 목사님은 교회를 떠나게 되었습니다.

저는 어려서 세상만도 못한 교회를 보고 자랐습니다. 서울로 올라와서 학교를 다니고, 졸업 후에 전도사를 하면서도 교회의 좋은 모습은 볼 수 없었습니다. 교회마다 똑같은 문제를 안고 있었습니다. 저는 장로교라는 이름을 좋아하지 않습니다. 교회의 지도자 몇 사람이 항존직을 받고, 마치 그 사람들을 위해 교회가 존재하는 것 같은 인식을 주기 때문입니다. 장로 몇 사람 때문에, 혹은 목사 한 명 때문에 온 교회가 고통을 당해야 하니 말입니다. 어쩌면 '장로교'라는 이름이 장로교의 최대의 치부를 드러내는 것일 수도 있습니다. 만약 한국의 장로교가 이렇게 역기능을 하지 않았더라면 한국 교회는 완전히 달라졌을 것입니다. 한국 교회의 위상이 지금과 같을 수가 없을 것입니다. 어쩌면 우리나라가 거의 완전히 복음화되었을지도 모릅니다.

제가 존경하던 한 목사님은 영어와 일어에 능통했고, 부흥사에, 학구적이기까지 했습니다. 제가 그분을 모시고 3년 동안 사역하면서 얼마나 많은 은혜를 받았는지 모릅니다. 그분과 함께 부교역자로 교회를 섬기고 있을 때, 그분은 늘 이런 말씀을 하셨습니다. "옥 목사, 나 시집 잘못 왔어." 당회만 했다 하면 장로들이 고함을 지르며 싸우고, 교회를 위하기보다 자기 입장만 살피는 식이었습니다. 제가 그 교회에 부교역자로 들어갈 때에도 남쪽 사람이라서 안 된다고 장로들이 들고 일어났을 정도였습니다. 그 목사님은 하루 저녁 당회에서 시달리고 나면 그다음 날은 이불을 뒤집어쓰고 나오지 않으셨습니다. 교회에 대한 환멸이 생기니 목사가 자기 자신을 가눌 수가 없었던 것입니다.

저는 이런 한국 교회가 너무 싫었고, 목사는 더더욱 하기 싫었습니다. 게다가 저는 어려서부터 한국 교회에 정말 필요한 것은 믿음 좋은 평신도라고 생각했습니다. 그래서 목사가 되지 않겠다고 도망 다니다가 결국은 하나님께 강제로 붙들려 이렇게 30년이 넘게 사역을 해 왔습니다.

처음 신학교에 입학했을 때, 제게는 강한 열망이 있었습니다. 딱 한 번뿐인 저의 인생을 바쳐서 목회하는 것인데, 장로 몇 사람 때문에 목회 인생을 망치고 싶지 않다는 생각이었습니다. 평신도들이 제자리 걸음만 하는 교회의 목회는 하고 싶지 않았습니다. 성경이 이야기하는 그 교회, 예루살렘교회가 이 시대, 이 땅에도 가능하다는 것을 제 목숨을 걸고 보여 주고 싶었습니다. 그러나 어떻게 해야 그런 교회를 만들 수 있을지 알지 못했습니다. 가르쳐 주는 사람도 없었습니다. 그래서 존경하는 선배들의 모습을 보면서, '저렇게만 따라 하면 그런 교회를 세울 수 있겠지' 하는 막연한 기대를 가지고 신학교를 졸업했습니다.

그리고 부교역자로 교회에 들어갔을 때 하나님은 제게 재적 인원이 1명뿐인 대학부를 맡기셨습니다(사실 그때만 해도 한국 교회에 양심이 있었습니다. 지금은 제일 믿을 수 없는 통계가 교회 통계이고, 그 통계를 제일 못 믿는 사람이 목사들이지 않습니까. 그러면서도 그걸 탓하면 믿음의 수치라고 말합니다.).

그 교회는 장년이 8백 명 정도 출석하는 교회였는데, 언제부터인지 모르겠지만 주보에 나오는 대학부 예배 참석자 숫자에는 늘 '1명'이라고 적혀 있었습니다. 담임목사님이 제게 그 대학부를 맡겼을 때 저는 위기의식을 느꼈습니다.

제일 먼저 유일하다는 그 대학부 회원을 찾아가 보았습니다. 고려대학교에 다니는 학생이었는데, 회장이라고 했습니다. 회장이라 차마 못 떠난 것입니다. 그를 데리고 대학부를 하다가는 저도 똑같이 되겠다 싶어서 1학년으로 들어오는 신입생들을 독려하기 시작했습니다. 지푸라기라도 잡고 싶은 심정이었습니다. '파라처치(복음주의 선교단체)에는 청년들이 몰려가고 변화가 일어나는데, 어째서 교회의 대학부는 텅텅 비어 죽은 송장처럼 멍하니 앉아 있는 것인가. 왜 고등부만 졸업하면 다들 대학부를 빠져나가는가.' 이것이 저에게는 큰 숙제였습니다.

파라처치 단체의 지도자들이 특별히 뛰어나 보이지도 않았습니다. 그들 중에는 신학교를 나오지 않은 사람이 더 많았습니다. 그럼에도 불구하고 학생들이 그들로 인해 비전을 발견하는 이유가 무엇인지 궁금했습니다. 저는 그들에게 그 이유를 배우고 싶었습니다. 그러나 제가 가서 그것을 직접 배울 수는 없었고, 당시 2학년이던 방선기 학생(현 일터개발원 이사장, 목사)에게 네비게이토에 가입해서 그 비결을 배우고 내게 좀 그대로 가르쳐 달라고 부탁했습니다. 그리고 저는 그가 가져다준 자료들을 통해 제자훈련에 눈을 뜨기 시작했습니다.

사실 처음에는 자료를 보고 실망했습니다. 특별한 것을 발견할 수 없었기 때문입니다. 그런데 6개월쯤 지나자 그 학생이 변하기 시작했습니다. 전형적인 기독교 집안의 자녀였는데, 갑자기 어느 날부터인가 눈이 빛나고 가슴이 뜨거워지더니, "우리 주님이 나를 위해 십자가에서 죽으신 걸 생각하면 눈물이 납니다." 뭐 이런 소리를 하는 것이었습니다. 기가 찰 노릇이었습니다. '도대체 여기에 뭐가 있다는 말인가.' 저는 다시 낮은 자리로 돌아가 제가 보지 못한 그것을 찾아 나섰습니다.

〈SCL〉, 〈브릿지〉, 〈메모리팩〉 등 네비게이토에서 쓰는 모든 자료들을 탐독했습니다. 그리고 마침내 저는 그것을 발견했습니다. 거기에는 복음이, 훈련이, 비전이 있었습니다. 하지만 기성 교회 대학부에는 복음은 없고 교리만 있었습니다. 훈련은 없고 회의만 많았습니다. 비전은 없고 행사만 있을 뿐이었습니다. 제게는 이것이 인생을 바꾼 중대한 발견이었습니다.

파라처치 단체에서 훈련받는 학생들은 십자가 앞에서 감격이 있었습니다. 그들이 들은 복음에는 죄를 회개하는 아픔이 있었습니다. 거듭난 사람의 기쁨이 있었습니다. 그들의 가슴속에는 '주님이 나를 위해 돌아가셨다'라는 사실 때문에 어떤 것이라도 포기할 수 있는 열정이 있었습니다. 이것은 살아 있는 복음이었습니다. 반면 기성 교회의 대학부에서는 복음 제시를 하고, 복음 설교를 하고, 웨스트민스터 신앙고백을 외우게 하지만 가슴에 주님을 향한 뜨거운 열정을 심어 줄 수 없었습니다. 복음이 없었기 때문입니다. 기성 교회는 공과공부도 열심히 하고, 유명 강사를 초빙하여 강의도 듣지만 사람을 변화시키는 비전이 없었습니다. 영적 훈련이 없었던 것입니다. 그리고 젊은이들에게 전 세계를 하나님의 나라로 바꾸고자 하는 생명과 같은 비전을 심어 주지 못했습니다. 대학부에서 가장 큰 비전은 회장이 되는 것이었습니다. 그러니 회장이 되지 못한 사람들은 다 떠날 수밖에 없었던 것입니다.

질문에 대한 답을 찾게 되자, 제 자신부터 옷을 갈아입기 시작했습니다. 처음에는 7, 8명, 나중에는 12명쯤 되는 대학생들을 데리고 제자훈련이라는 실험을 시작했습니다. 그리고 네비게이토에서 훈련을 받던 방선기 학생에게는 제가 잘못하면 지적해 달라고 부탁해 두었습니다. 제자훈련을 하면서 제 자신부터 딴사람이 되었습니다. 1년 반 동안 제자훈련을 함께한 학생들에게서도 놀라운 변화가 일어났습니다.

우리에게는 공휴일이 없었습니다. 쉬는 날이면 함께 산에 가서 기도하고, 말씀을 나누고, 교제했습니다. 여름과 겨울에는 일주일씩 시간을 내서 기도원에 갔습니다. 주일이면 11시 예배를 마치고부터 오후 5시 30분까지 모임을 가졌습니다. 도시락을 싸 가지고 다니면서 제자훈련을 계속했습니다. 저는 주일 설교를 한 번도 하지 않았습니다. 설교는 훈련받은 리더들이 했고 저는 뒤에서 그들을 지켜보며 지원하는 역할을 했습니다. 주말에는 제자훈련을 했습니다. 교회 생활뿐만 아니라 학교 생활에서도 모범이 되어야 한다는 생각에 평점 B학점 이상을 요구했습니다. 기준에 미치지 못하면 임원을 할 수 없도록 했습니다. 모험에 가까운 실험에 참여한 우리 모두는 새로운 사람으로 변화되었습니다.

출석 인원이 1명이던 대학부가 재적 350명, 출석 인원은 2백 명으로 늘어나 한국에서 규모가 가장 큰 대학부가 되었습니다. 3, 4년 동안 140여 개 교회의 대학부에서 찾아와 배우고 돌아갔습니다.

저는 이 과정을 거치면서 정말 중요한 것을 발견했는데, 그것은 바로 '평신도가 교회의 주체'라는 사실이었습니다. 그리고 평신도가 교회의 주체라면, 그 평신도를 바로 세우는 것이 목회의 본질이라는 사실을 알게 되었습니다. 제 스스로, 그리고 학생들 역시 변하는 모습을 보면서 얻은 값진 교훈이었습니다. 저는 제자훈련에 저의 목회 생명을 걸겠다고 다짐했습니다. 그러나 그런 결심을 하고 저에게는 새로운 의문 한 가지가 생겼습니다. '제자훈련이 필요한 건 사실인데, 제자훈련을 해야만 하는 목회의 신학적, 성경적 근거는 무엇일까.' 기성 교회에서 장년을 대상으로 제자훈련 목회를 하기 위해서는 이론적인 깊은 뿌리, 즉 확고한 성경적 목회 철학이 필요했습니다. 저는 미국 유학 중에 이 문제에 대해 깊이 고민했고, 제가 찾은 대답은 바로 '교회의 사도성'이었습니다. 평신도를 교회의 주체로 바로 세우기 위해서는 전 교회의 사도성을 회복해야 한다는 것이었습니다. 그러다 보니 '그렇다면 사도성에 근거하여 교회의 요체인 평신도는 누구인가?'라는 생각으로 이어졌습니다.

'평신도'라는 말은 썩 좋은 단어는 아닙니다. 원어 '라이코스'와 '라오스'가 우리말 '평신도'라는 단어의 성경적인 뿌리인데, 이 말은 하나님의 백성 전체를 가리키는 말입니다. 따라서 오늘날 우리가 사용하고 있는 평신도의 개념과는 차이가 있습니다. 우리가 지금 사용하고 있는 '평신도'라는 말은 성직자와 대비되는 의미로 사용되고 있습니다. 말하자면 평신도의 본래 의미는 없어져 버린 것입니다. 4세기경 교회가 급성장하자 교회 안에서 전문적으로 사역하는 사람과 세상 직업을 가진 성도를 구별하기 위해 키프리아누스(Thascius Caecilius Cyprianus, 200?-258)가 이 평신도라는 단어를 차용하기 시작했습니다. 그 후 1500년이 넘도록 이 개념이 굳어져 사용되어 온 것입니다. 어찌 보면 왜곡된 단어이긴 하지만 본래의 개념만 우리가 바르게 인지하고 있다면 이 단어를 그대로 사용하는 데에는 큰 문제가 없을 것입니다.

평신도가 교회의 주체입니다. 이에 대한 바울의 위대한 고백을 들어 봅시다. "우리가 그를 전파하여 각 사람을 권하고 모든 지혜로 각 사람을 가르침은 각 사람을 그리스도 안에서 완전한 자로 세우려 함이니 이를 위하여 나도 내 속에서 능력으로 역사하시는 이의 역사를 따라 힘을 다하여 수고하노라"(골 1:28-29).

저는 이 말씀에 '제자훈련의 대헌장'이라는 제목을 붙입니다. 여기에 평신도에게 주목하는 이유가 있기 때문입니다. 바울의 관심은 "각사람"이라는 평신도에게 있습니다. 큰 무리가 아니라 '한 사람'이란 사실에 주목해야 합니다. 평신도 한 사람의 중요성에 대해서 바울은 눈을 뜨고 있었습니다. 평신도를 보는 눈이 바뀌지 않으면 이 시대를 감당하는 목회를 할 수가 없습니다. 목회자들은 지금까지 평신도들을 제자리에 세워 놓지 못했습니다. 성경이 말하는 평신도의 위치를 찾아 주지 못했습니다. 당연히 평신도는 교회 안에서 제 역할을 감당할 수 없었습니다. 그 결과, 교회는 목사를 위해 존재하는 듯한 이미지로 남게 되었습니다.

교회(the whole church)는 평신도의 교회입니다. 목사 역시 이 교회를 위해 존재하는 것입니다. 목사의 할 일은 평신도가 제자리에 서서 제역할을 하게 헌신하는 것입니다. 하지만 한국 교회는 오랫동안 평신도를 목회의 대상으로 보았지, 목회의 주체로 보지 않았습니다. 이것이 숫자만 많은 한국 교회가 사회 앞에서 오합지졸로 변해 버린 이유가 될 것입니다. 교회 안에서 자기들끼리 싸우다가 일생을 마치는 것입니다. 문제가 일어나는 교회는 대부분 건강한 평신도를 세우지 못한 교회들입니다.

교회에는 어떤 고난과 문제를 만나도 극복할 수 있는 자생력이 있습니다. 그러나 어린아이 같은 평신도, 육적인 그리스도인만 우글우글하는 교회는 아주 작은 일만 일어나도 해결하지 못합니다. 서로 얽히고 얽혀서, 하나님의 몸 된 교회를 병들게 만들고, 종국에는 세상 앞에서 비난받게 만듭니다. 우리의 선배들이 훌륭한 믿음의 삶을 살긴 했지만, 이상하게도 평신도들을 제자리에 세우는 일에 있어서는 역할을 감당하지 못했습니다.

지금은 그렇지 않겠지만, 제가 신학교를 다니던 당시만 해도 신학생들에게 교회론에 대한 강의는 중요 과목이 아니었습니다. 조직신학의 일부분에 속했을 뿐이고, 그나마도 시간에 쫓겨 지나치기 일쑤였습니다. 교회가 무엇인지 한 번도 듣지 못하고 신학교를 졸업했던 것입니다. 1980년대 초반까지도 시중에서 교회의 정체성에 대한 책을 찾아보기가 힘들었습니다. 저를 비롯한 수많은 신학생들이 교회가 무엇인가에 대해 한 번도 고민해 보지 않고 목회 현장으로 달려가게 되었습니다. 가정이 무엇인지, 부부 생활이 무엇인지 고민해 보지 않고 결혼하는 것과 다름없었습니다.

저는 유학 중에 제자훈련의 성경적 근거를 찾으면서, 먼저 교회가 무엇인가에 대해 3년간 깊이 공부하는 기회를 가졌습니다. 교회를 공부하니, 평신도에 대해서도 눈을 뜰 수 있었습니다. 많은 학자들이 주장하는 교회의 기본 개념은 다음과 같습니다.

첫째, 택함을 받은 자의 모임, 둘째, 그리스도의 몸, 셋째, 성령의 전입니다. 이것들은 모두 교회라는 단어 대신 넣어 사용할 수 있는 개념입니다. 제가 교회의 기본 개념을 공부하며 가장 놀랐던 점은 목회자와 평신도 사이에 아무런 차이가 없다는 점이었습니다. 저는 특별소명을 받고 안수 받았다는 목회자는 분명히 무언가 다를 것이라고 기대했었습니다. 제가 자라 온 교회 환경이 저에게 그렇게 가르쳐 왔기 때문입니다.

첫째로 '택함을 받은 자의 모임'이라는 기본 개념은 다음과 같은 고린도전서 1장 2절 말씀에 근거합니다. "고린도에 있는 하나님의 교회 곧 그리스도 예수 안에서 거룩하여지고 성도라 부르심을 받은 자들과 또 각처에서 우리의 주 곧 그들과 우리의 주 되신 예수 그리스도의 이름을 부르는 모든 자들에게."

"그리스도 예수 안에서 거룩하여지고 성도라 부르심을 받은"이라는 말의 뜻은 세상으로부터 구별되어 택함을 받았다는 것입니다. 도덕적으로 완전하다는 이야기가 아닙니다. 죄를 하나도 범하지 않았다는 말도 아닙니다. 하나님이 택하여 구별하셔서 거룩하게 만드신 것이 성도라는 말입니다. 똑같은 향로라도 제사장이 구별하여 성전에 갖다 놓으면 그것은 거룩하게 되었습니다. 마찬가지로 똑같은 사람이라도 택함 받은 존재는 거룩합니다. 여기서 택함을 받은 것에 목회자와 평신도 사이에 차이가 있는 것일까요? 아무런 차이가 없습니다. 그리스도를 주로 고백한 모든 사람은 평등합니다. 빈부귀천, 남녀노소, 직분이 있든 없든 모두가 하나님 앞에 평등합니다. 오직 예수 그리스도의 공로로 우리가 하나님의 자녀가 되었습니다. 결코 신분의 차이가 없습니다. 이것을 뒤늦게 깨닫고 나니 저의 의식에 큰 변화가 일어났습니다. 평신도를 보는 눈이 달라지기 시작했습니다. 목사의 권위는 직분과 기능의 권위이지, 신분의 권위가 아닙니다. 목사 안수에는 특별한 의미가 있지만, 그것은 분명 평신도와 가름하는 신분의 권위 부여가 아닙니다. 그러나 많은 목사들이 이 부분을 오해하여 평신도들에게 열등감을 심어 주고 있습니다. 하나님 앞에 우리는 모두 평등합니다.

두 번째로 교회가 '그리스도의 몸'이라는 기본 개념은 고린도전서

12장 13절에 근거합니다. "우리가 유대인이나 헬라인이나 종이나 자유인이나 다 한 성령으로 세례를 받아 한 몸이 되었고 또 다 한 성령을 마시게 하셨느니라." 예수님을 믿어 성령을 받은 자들은 모두 한 몸이 되었습니다. 그리고 주님은 이 몸을 통해 일하십니다. 팔레스타인에서 3년간 일하셨을 때에는 자신이 입으신 몸으로 일하셨지만, 승천하신 후에는 교회라는 이름으로 일하셨습니다. 따라서 교회가 병들면 주님의 몸이 병드는 것과 같습니다. 그리고 병들면 아무것도 할 수 없습니다. 주님의 일을 아무리 하고 싶어도 할 수 없습니다. 그리스도의 몸이 잘 움직이도록 건강하게 유지하는 것이 목회입니다. 때문에 교회의 지도자가 교회를 병들게 한다면, 그가 받아야 할 심판이 얼마나 크겠습니까. 소름이 끼칠 정도입니다.

한번은 목회자와 평신도들을 한데 모아 두고 '그리스도의 몸'에 대한 개념을 강의한 적이 있습니다. 저는 실례인 줄 알면서도 한 목사님을 일으켜 세운 후 이렇게 질문했습니다. "우리 모두가 그리스도의 몸인데, 목사님은 몸 중에 어느 부위이신 것 같습니까?" 그분은 대답을 못하고 서서는 빙긋이 웃기만 했습니다. 대답을 기다리고 있는데, 뒤에 앉아 있던 평신도 한 명이 참다못해 손을 들고 이렇게 외쳤습니다. "목사님은 목입니다! 목!" 모두 와르르 웃었습니다. 제가 되물었습니다. "왜 목이라고 생각하십니까?" 그분이 대답했습니다. "머리 바로 아래 붙어 있는 게 목이지 않습니까?" 그래도 그중 높다는 것입니다. 그리고 머리와 몸 사이를 이어 주는 중요한 역할을 담당하기 때문이라고 대답했습니다. 듣고 보니 그럴 듯하기도 했습니다. 그의 대답은 맞기도 했으나 일면 틀린 부분도 있었습니다. 목회자가 분명 몸 중에 없어서는 안 될 역할을 담당하고 있겠지만, 꼭 목이라고 할 수는 없을 것입니다. 몸 중에 중요하지 않은 부분이 없고, 바울은 보이지 않는 작고 연약한 지체가 더 귀하고 아름답다고 말했습니다.

저는 유학 생활 중에 작은 교회에서 봉사를 한 적이 있습니다. 그 교회에는 30대 중반인 젊은 의사의 부인이 출석하고 있었습니다. 그의 남편은 한국에서 의대를 졸업하고 미국으로 유학 가서 피눈물 나는 노력 끝에 전문의를 취득했습니다. 그리고 중소 도시에 개업을 해서 나름대로 성공한 가장이었습니다. 그러나 부인과는 달리 그는 신앙을 가지지 않았습니다. 하루는 그 부인이 제게 자기 남편을 전도해 달라고 부탁해 왔습니다. "부군께서 기독교에 상당히 비판적이시라고 들었는데, 제가 전도를 할 수 있겠습니까?" 제가 이렇게 되묻자, 그녀가 대답했습니다. "아니에요. 전도할 수 있는 기회가 있어요." 남편의 신장이 완전히 망가져서 집에서 투석을 하고 있는데, 투석하는 시간이 일주일에 두 번, 네 시간씩이라는 것이었습니다. "목사님, 그때 오셔서 전도하시면, 저희 남편이 들을 수밖에 없을 거예요." 그래서 저는 투석하는 시간에 맞춰서 그 집에 갔습니다. 그는 초췌한 몰골을 하고 커다란 투석기로 피를 걸러내고 있었습니다. 저는 옆에 앉아 열심히 전도했지만, 결국 딱지를 맞았습니다. 하지만 제가 거기서 배웠던 한 가지는 그 작은 신장 하나가 망가져도 몸이 퉁퉁 붓고, 얼굴이 검어지고, 죽기까지 한다는 사실이었습니다. 신장이 그렇게 중요한 것인지 상상도 못했었습니다. 심장이나 간, 허파만 중요한 줄 알았지 신장이 중요할 거라고 생각하지 못했습니다. 그러고 보니 바울의 말이 이해가 되었습니다. 아무것도 아닌 것처럼 보이는 것, 사람에게 귀히 보이지 않는 것도 중요한 것이었습니다.

굳이 바울의 말을 빌리지 않더라도 그리스도의 몸 안에서 모든 지체가 중요하다는 사실을 우리는 너무도 잘 알고 있습니다. 목회자가 어느 부위를 차지하는지 알 수는 없지만, 몸을 세우고 건강하게 활동하도록 돕는 부위라는 것은 확실합니다. 지체들은 절대 스스로 자신의 생명을 보전하지 못합니다. 남이 없으면 내가 죽고, 내가 없으면 남이 죽는 유기적인 관계인 것입니다. 이것은 목사와 평신도 사이에도 마찬가지입니다. 평신도가 없으면 목사도 없고, 목사가 없으면 평신도도 없습니다. 목회자가 건강해야 평신도가 건강해지고 더불어 교회가 건강해질 수 있습니다.

세 번째로 교회가 '성령의 전'이라는 기본 개념은 고린도전서 3장 16절에 근거합니다. "너희는 너희가 하나님의 성전인 것과 하나님의 성령이 너희 안에 계시는 것을 알지 못하느냐." 성령을 모시고 산다는 점에서 목회자와 평신도가 구별되는 것일까요? 아니면 목회자가 모시고 있는 성령은 특별히 뜨겁고, 평신도가 모시고 있는 성령은 덜 뜨거운 것일까요? 성경 어느 곳에도 목회자와 평신도 사이에 성령께서 역사하시는 데 차별이 있다는 주장을 뒷받침할 만한 근거는 없습니다. 단상의 설교자나, 단하의 청중이나 그 안에서 역사하시는 성령은 동일합니다. 모두가 성령 안에서 평등합니다. 직분에 따라 능력을 주시는 경우가 있기는 하지만, 이것은 다른 관점에서 생각해 보아야 할 문제입니다.

저는 이 세 가지 기본 개념을 공부하면서 움직일 수 없는 확신을 얻게 되었습니다. 바로 평신도가 교회의 주체라는 사실입니다. 저와 평신도 사이에 아무 차이가 없다는 사실이었습니다. 그래서 평신도를 깨우는 제자훈련 사역이 시작되었습니다. 목회를 쉽게 하려면 얼마든지 쉽게 할 수 있습니다. 그러나 그렇게 할 수 없었던 것은 평신도를 저와 똑같은 교회의 주체로 보았기 때문입니다. 목회자는 평신도 위에 군림하는 존재가 아닙니다. 그러나 오늘날 많은 목회자들이 이러한 진실 앞에서 거부반응을 보이고 있습니다. 심지어 어떤 교회에서는 목사가 "교역자들은 제사장이고, 여러분은 레위 지파입니다"라고 가르치기도 합니다. 이런 식으로 차별성을 부각시켜 평신도들을 자신의 종으로 삼으려 하는 위험한 행동을 하는 것입니다. 그래서 평신도들은 마치 목회자가 대단한 영적 능력이라도 소유한 사람인 것처럼 허리를 굽신거리며 하나님 대하듯 목회자를 대하는 것을 봅니다. 좋은 차를 뽑으면 제일 먼저 목사님이 시승해야 한다는 이상한 불문율도 한국 교회에는 존재합니다. 교인 천 명만 모여도 목사는 제왕이 되어 버립니다. 잠깐만 긴장을 늦추어도 목회자가 하나님의 영광을 가로챌 수 있는 위험한 환경입니다. 그래서 저는 늘 제자훈련지도자세미나에서 목회자들에게 다음과 같은 점을 강조합니다.

"평신도가 교회의 주체입니다. 평신도 한 사람을 위해서 생명을 거십시오." 바울은 "각 사람"을 위해 생명을 걸었습니다. 이것이 바울이 우리에게 보여 준 목회의 원형입니다. 그가 생명을 걸고 목회한 사람은 천 명이 아니었습니다. 수백 명도 아니었습니다. 한 사람이었습니다. 한 영혼을 위해 목숨을 거는 것이 목회자의 양심입니다.

제 이야기를 듣고, 세미나 중에 한 목사님이 벌떡 일어나 이렇게 말했습니다. "저는 목사님 말에 동의 못하겠습니다." 무슨 말인고 하니, 요즘처럼 평신도들이 콧대 높은 시절이 있었냐는 불평이었습니다. "평신도들이 교역자를 우습게 보는 이 마당에 자꾸 그런 식으로 이야기하시면 이제 목회자들은 설 땅이 없습니다. 저는 동의 못합니다." 그의 말에 저는 이렇게 답했습니다. "목사님이 그렇게 목에 힘준다고 교인들이 목사님을 존경합니까? 그리고 사랑의교회에서 옥 목사는 항상 목사가 평신도를 섬기는 종이라고 강조하는데, 그렇다고 사랑의교회 교인들이 옥 목사를 괄시합니까?" 하나님 나라의 권위는 섬기는 데서 나오는 것이지, 다스리는 데서 나오는 것이 아닙니다.

평신도 한 사람 한 사람이 가진 가치를 볼 때, 이 땅에서 하나님의 영광을 드러낼 사람은 목회자가 아니라 평신도입니다. 왜냐하면 사회 각 분야에서 불신자들을 만나는 사람은 정작 평신도들이기 때문입니다. 따라서 평신도가 사회 속에서 제구실을 해야 하나님의 이름이 높이 들림을 받는 것입니다. 평신도가 병들어서 세상 사람들 앞에 아부나 하고 비실거리고, 세상 사람들과 똑같은 가치관을 가지고 자기 배만 불리려 한다면, 교회에 아무리 성도가 많아도 그 교회를 통해서 하나님은 영광을 받으실 수 없습니다. 오늘의 한국 교회가 이러한 상황에 놓여 있는 것입니다.

이 세상을 구원하고자 하시는 하나님의 비전을 누가 실현할 것입니까? 목회자입니까? 몇 명의 선교사일까요? 이 세상을 하나님 나라로 바꾸어 영원토록 그의 나라와 권세와 영광이 그에게 돌아가게 하기 위해 최전선에서 쓰임 받고 있는 자들은 목회자도, 선교사도 아닙니다. 바로 전 교회(the whole church), 모든 평신도들입니다. 평신도들을 통해서만이 복음이 사회 밑바닥까지 전해지고 확산될 수 있습니다. 목회자 몇 사람의 특별한 역량은 짧은 부흥회 기간에는 빛이 날지 모르지만, 평신도의 역량은 끝이 없습니다.

평신도가 제구실을 못하면, 하나님의 나라가 이 땅에 성취될 수 없습니다. 오늘날의 한국 교회를 보십시오. 얼마나 많은 가능성 있는 평신도들을 할 일 없이 놀고 있게 하고 있습니까. 심부름이나 시키고, 조직을 만들어서 감투나 씌우고, 목사 말에 순종 잘하면 믿음 좋은 사람인 줄 알고, 일주일 내내 모임 만들어서 열심히 출석하면 신실한 그리스도인이라고 판단하고 있지 않습니까. 교회 안에서 인정받는 평신도들이 사회에 나가서는 제구실을 못하는 예가 허다하지 않습니까.

똑같이 투기하고, 똑같이 범죄하고….

평신도를 보는 관점이 왜곡되다 보니, 목회자들의 리더십도 왜곡되었습니다. 한국 교회의 리더십은 대부분 닫힌 리더십(closed-leadership)입니다. '나는 교인들을 위해(for the laity) 무엇을 할 것인가?'를 생각하는 것이 바로 닫힌 리더십입니다. 늘 자기 혼자 일할 생각만 합니다. 평신도가 목회의 대상이 되는 것입니다. 그러나 우리에게는 열린 리더십(opened-leadership)이 필요합니다. '교인들과 함께(with the laity) 무엇을 할 것인가?'를 생각해야 합니다. 결국 일할 사람은 평신도이기 때문입니다. 교회 안에서나 밖에서나 하나님의 나라를 이 땅에 성취하기 위해 전선에서 뛰어야 할 사람은 평신도입니다. 이때 평신도는 사역의 동역자가 됩니다. 함께 뛰는 것입니다. 이것을 위해 고민하며 몸부림치는 리더십이 열린 리더십입니다. 열린 리더십을 가진 목회자는 평신도를 가만히 내버려 두지 못합니다. 예배나 드리고 가는 군중으로 만들지 않습니다. 헌금이나 많이 하는 후원자로 만들지 않습니다. 평신도들을 반드시 있어야 할 자리에 세우고, 그 자리에 세우기 위해서 훈련합니다.

대부분의 목회자들이 매주 '오늘 몇 명 출석했구나. 그래도 몇 명 늘었네' 하며 자위하고, 교인들이 예배가 은혜스러웠다고 하면 '할렐루야, 아멘' 합니다. 예배드리고 돌아가는 이 교인들에게는 이제부터 전투가 시작되는데, 일주일에 한 번 전하는 30분 설교로 만족하는 것입니다. 이런 방법이 일시적으로는 교인들의 마음에 감동은 줄 수 있을지 몰라도, 변화를 기대할 수는 없습니다. 주님이 명령하신 대로 '가르쳐 지키게' 하는 데까지 이르려면 설교 30분으로는 턱없이 부족합니다. 이런 식으로라면 교인들은 이원론(二元論)의 희생자가 될 수밖에 없습니다.

많은 평신도들이 이미 주의 일과 세상 일을 분리하여 생각하고 있습니다. 신학교를 나와서 목사나 선교사가 된 사람은 주의 일을 하는 사람이고, 하루 종일 직장에서 시달리는 자기들은 세상 일을 하는 사람들이라고 철저하게 분리해서 생각합니다. 성(聖)과 속(俗)을 구별하는 것입니다. 누가 이렇게 만든 것입니까? 오늘의 한국 교회 지도자들이 이렇게 만들었습니다. 똑똑한 젊은이들만 보면, 세상에 나가 예수님의 제자로 바른 구실을 하라고 가르치는 것이 아니라, 신학교에 가라고 합니다. "한 번뿐인 인생, 주의 일하면서 살아야지. 어떻게 세상 일을 하며 보낼 수가 있느냐"라고 말합니다. 목회자들이 이원론을 조장해 왔습니다. 성경 속 어디에 이러한 이원론을 뒷받침해 주는 근거가 있단 말입니까. 목회자들이 이런 식으로 한국 교회의 젊은이들의 자존심을 모두 꺾어 놓았습니다.

파라처치들도 마찬가지입니다. 그들이 노력해 온 만큼 사회에 영향력을 끼치지 못했던 원인이 모두 이 이원론에 있습니다. 대학부나 선교단체 전체에서 목사가 되고 선교사가 될 사람이 결국 10%를 넘지 못할 텐데, 직장에서 어떻게 제자로 승리하며 살아갈 것인가를 훈련하기보다 몇 사람의 사역자 후보생들을 중심으로 훈련하고 있습니다. 그래서 나머지 학생들은 아무것도 준비하지 못하고 사회에 나가게 되고, 사역자가 되지 못한 미련과 죄책감에 사로잡혀 평생을 살게 됩니다. 패배자를 길러내는 것입니다.

교회가 교회다워지려면, 길바닥에 함지를 내놓고 행상을 하는 사람으로부터 사장, 정치인, 대통령에 이르기까지 하나님 나라 확장에 대한 비전을 가지고 충성하게 만들어야 합니다. 그리고 그들이 목회자의 일이나 자신이 하는 일이 똑같이 거룩하다고 생각하게 만들어야 합니다. 시골에서 농사를 지으시던 저의 어머니는 주일 아침이면 흐

느끼며 이렇게 기도하셨습니다. "일주일 내내 세상 일만 하다가 이제 주님 전에 나와 이 하루를 주님을 위해 드리고 봉사하게 하시니 감사합니다. 한 주간 동안 세상 일에 너무 깊이 빠졌던 죄를 용서해 주옵소서." 저는 그 기도를 들으면서, '세상 일은 하지 않을수록 좋은 거구나. 날마다 교회에 와서 사는 게 좋은 거구나' 하는 생각을 했습니다. 지금도 이렇게 가르치는 교회가 너무나 많습니다.

제가 대학부를 맡아 한참 재미있게 사역하고 있을 때였습니다. 서울대학교 의대 본과에 이제 막 진학하는 학생이 저를 찾아왔습니다. "목사님, 다 집어치우고 신학교 갈래요. 그저 주님 위해서 복음 전하며 살겠습니다." 2년 동안 그렇게 제게 배우고도 이렇게 말하는 학생의 눈을 가만히 쳐다보며 대답했습니다. "너 공부하기 싫지?" 본과 학업이 벅차기도 했을 것이고, 그에 비하면 교회 생활은 천국 같았을 것입니다. 그 학생은 고개를 푹 숙이고 아무 말도 못하고 저에게 혼쭐나서 돌아갔습니다.

교회를 개척하고 경희대학교 병원에 환우 심방을 갔을 때입니다. 복도에서 야근을 이제 마친 듯 몹시 피곤해 보이는 의사 한 명이 터덜터덜 힘없이 지나가다가 갑자기 저를 불러 세웠습니다. "목사님!" 그 학생이 거기에서 레지던트를 하고 있었습니다. 저를 보더니 그는 갑자기 주머니에서 청진기를 꺼내서 흔들어 보이면서 농담조로 말했습니다. "목사님, 제가 지금 누구 때문에 이러고 있는지 아세요?" 이제 그는 한 분야에서 권위 있는 의사로 일하고 있습니다. 제가 가끔 "너, 아직도 내가 원망스럽니?"라고 물으면, 그는 웃으며 대답합니다. "무슨 소리세요. 저는 목회자보다 훨씬 많은 일을 하고 있는 걸요."

타락한 중세 교회들이 성직자의 사명만 지나치게 중시하였다는 사실은 이미 주지하는 바입니다. 교인들을 속박하고 노예화하는 이원론이 여기에서 출발했습니다. 이에 반기를 들고 일어난 것이 종교개혁이었지만, 아직도 우리는 그 뿌리에서 완전히 자유롭지 못합니다. 종교개혁의 근간을 이루고 있는 만인제사장직에 따르면, 모든 평신도는 똑같은 소명자입니다. 모든 성도가 영적 예배를 드릴 수 있는 특권을 가지고 있기 때문입니다. 모든 성도가 접하는 것은 죄가 아닌 이상 하나님 앞에 드려지는 거룩한 제물로 구별됩니다. 그래서 골로새서에서는 노예가 노예로 사는 것도 주님의 일이라고 말하고 있습니다. 우리가 무엇을 하는가는 중요하지 않습니다. 하나님이 우리를 통하여 무엇을 하시는지가 중요합니다. 직업에는 귀천이 없습니다. 모두가 소명을 받았기 때문입니다.

고민해야 합니다. 지금 한국 교회 안에 우리의 가슴을 까맣게 타게 하는 가슴 아픈 일들이 얼마나 많이 일어나고 있습니까. 믿는 사람들의 세계에 얼마나 많은 부조리와 불합리한 일이 일어나고 있습니까. 목회자들의 세계에 주님의 영광을 가리는 일이 얼마나 많이 일어나고 있습니까. 그 원인에 대해 우리는 고민해야 합니다. 하나님의 교회가 교회 되게 해야 합니다. 관행을 거부해야 합니다. 문제의식을 가져야 합니다.

2

작은 자가
천을 이루리라

제자훈련의 한 사람 철학

우리는 많은 사람을 통해 하나님이 일하신다고 생각하지만,
역사를 보면 그와 반대였습니다.
하나님은 한 사람에게 주목하시고 그를 준비시키신 후
그 사람을 통해 세계가 깜짝 놀랄 만한 일들을 이루어 오셨습니다.
이것이 지금까지 하나님이 일해 오신 걸음걸이요, 발자국입니다.

작은 자가
천을 이루리라

"네 백성이 다 의롭게 되어 영원히 땅을 차지하리니 그들은 내가 심은 가지요 내가 손으로 만든 것으로서 나의 영광을 나타낼 것인즉 그 작은 자가 천 명을 이루겠고 그 약한 자가 강국을 이룰 것이라 때가 되면 나 여호와가 속히 이루리라"(사 60:21-22). 이것이 바로 신약 교회를 향한 하나님의 비전입니다. 하나님이 바라시는 신약 교회는 세상이 보기에 가장 약해 보이는 자, 가장 천해 보이는 자를 통해서 하나님의 나라를 완성하시는 것입니다. 이것은 세상 사람들의 생각을 뛰어넘는 하나님의 초자연적인 역사입니다. 가장 작은 자, 가장 약한 자는 세상 사람들이 무시하는 존재들입니다. 갈릴리 바다에서 고기 잡던 베드로에게 누가 주목했습니까? 막달라 마리아를 누가 인간으로 취급했습니까? 바울이 말한 것처럼 가문도 좋지 않고 무식하고 천한 사람들이 예수를 믿었을 때, 그들을 통해 하나님이 어떤 일을 하실지 예측한 사람은 아무도 없었습니다. 건축업자들이 쓸모없다고 여겨서 내버린 돌을 하나님이 들어서 성전의 머릿돌이 되게 하셨습니다. 이것이 가장 작은 자가 천을 이루는 기적입니다.

평신도든, 선교사든, 목회자든 하나님 안에서 새로운 피조물이 되기만 하면 그 사람을 통해서 하나님은 놀라운 역사를 이루십니다. 이것이 바로 기독교 2천 년 역사가 증거하는 하나님의 비전입니다. 한마디로 요약하자면, '한 사람 비전'입니다. 우리는 많은 사람을 통해 하나님이 일하신다고 생각하지만, 역사를 보면 그와 반대였습니다. 하나님은 한 사람에게 주목하시고 그를 준비시키신 후 그 사람을 통해 세계가 깜짝 놀랄 만한 일들을 이루어 오셨습니다. 이것이 지금까지 하나님이 일해 오신 걸음걸음이요, 발자국입니다. 그리고 이것이 또한 우리의 비전이 되어야 할 것입니다.

요즘 목회자들은 물량주의에 빠져서 '한 사람 비전'을 잃었습니다. 약해 보이는 여 성도 한 명을 놓고도 하나님이 저를 붙드시면 엄청난 역사가 일어날 것이라고 믿고 기도하는 비전이 없습니다. 세상적인 기준으로 사람을 보는 것입니다. 돈으로, 학력으로 사람을 판단합니다. 이러다 보니 성령의 역사는 고사하고 교회 안에 고통스러운 분란과 시기만 가득해지는 것입니다. 이렇게 수백 번, 수천 번을 속으면서도 우리는 패러다임을 바꾸지 않았습니다. 하나님의 관점에서 사람을 보는 패러다임, 이것이 제자훈련의 핵심입니다. 하나님의 패러다임은 가장 작은 자에게 주목하는 것입니다. 한 사람에게 주목하는 것입니다. 말은 간단하지만 이것을 목회 현장에 적용하는 것은 정말 쉽지 않은 일입니다.

하나님이 저의 목회에 은혜를 주셨다면, 그것은 아마 저의 고집스러움 때문이었을 것입니다. 교인이 수천 명, 수만 명이 되고 백 명이 넘는 교역자들 사이에서 헤매야 하는 이 시점에서도 저는 다수를 보지 않고 한 사람을 보는 자세를 견지해 왔습니다. 그렇기 때문에 제자훈련이 아직도 살아서 이를 통해 하나님이 엄청난 역사를 이루고 계신 것이리라 믿습니다. 제자훈련에는 교회가 크든 작든 상관없습니다. 오직 한 사람입니다.

저는 교회를 개척했을 때, 9명과 함께 시작했습니다. 돈이 없으니, 40평짜리 상가를 겨우 얻어 시작하게 되었습니다. 그 당시만 해도 강남은 허허벌판이라 목회하기에 좋은 장소가 아니었습니다. 게다가 우리가 개척한 교회가 들어가게 된 자리는 서울대학교 출신의 패기만만한 젊은 목사가 큰 교회의 지원을 받아 교회를 시작했다가 한 달 만에 손들고 다른 곳으로 떠난 곳이었습니다. 그에게 왜 벌써 떠나느냐고 물었습니다. "목사님, 여기는 목회할 수 있는 자리가 아닙니다. 아파트촌과도 너무 거리가 멀고, 버스는 30분에 한 대 다닙니다." 그러나 그의 말은 제게 들어오지 않았습니다. 저는 한 사람만 있으면 생명을 걸겠다는 데 생각이 집중되어 있었기 때문입니다. 하나님께서 소중히 여기시는 영혼 하나를 놓고 꿈꿀 수만 있다면, 환경과 무관하게 저는 목회자로서 떳떳하게 일할 수 있었습니다. 그리고 그때의 정신을 지금까지 지켜 오고 있습니다.

제가 개척하면서 마음먹었던 것은 하나님이 말씀하시는 교회, 바로 그 교회를 만들자는 것이었습니다. 어려서 저에게 상처를 주었던 그런 교회가 아니라, 우리 교회에 발을 들여놓는 사람이라면 이 교회 때문에 내가 행복했다고, 바로 살게 되었다고 고백할 수 있는 그런 교회를 만들겠다고 마음먹었습니다. 그리고 그러기 위해서는 한 사람을 위해 피눈물을 쏟는 희생의 열매로 사역해야지, 세상의 기준으로 사람을 판단하면 안 되겠다고 결심했습니다. 이것을 실천하기 위해 제가 가장 먼저 행동으로 옮겼던 것은 우리 교회에 장로라는 직함을 가지고 들어오는 사람에게 주목하지 않는다는 것이었습니다. 많은 가족들을 거느리고 들어와도 그 집을 심방하지 않았습니다. 저와 함께 소그룹에서 제자훈련을 받으며 눈물을 쏟고 거듭나는 변화를 체험하여 어린아이와 같은 심정으로 주를 섬기기 원하는 사람에게만 주목했고, 그들을 동역자로 삼았습니다.

개척 1년 후, 저는 정말 형편없는 남자들 11명을 모았습니다. 그들은 이제 막 예수님을 믿기 시작한 초신자, 교회를 다니다 완전히 떠났던 사람, 1년에 한 번 교회에 가 주면 하나님이 고마워할 것이라고 생각하는 사람, 반기독교적인 도서를 섭렵한 사람, 요한계시록을 1장부터 22장까지 모두 외운 사람 등 교회에서 결코 주목하거나 환영하지 않을 만한 사람들이었습니다. 저는 이들과 함께 제자훈련을 시작했습니다. 진통도 많고 기쁨도 많은 1년 반이었습니다. 그리고 정말 많은 은혜를 체험했습니다. 1년 반이 지나, 제자반을 수료한 이 11명에게 다락방(소그룹) 개척을 시켰습니다. 부인만 교회에 나오고 아직 안 믿는 남편들의 명단을 뽑아서 이들에게 주었습니다. 제자훈련의 열매를 평가한 것입니다. 저는 2년 동안 이들의 개척을 지켜보았고, 우리는 하나님이 다락방을 통해 역사하시는 놀라운 일들을 부지기수로 목도하게 되었습니다. 이것이 사랑의교회의 시작이었으며, 개척 4년 반 만에 이때 제자훈련을 받은 사람들 중 9명을 세워 장로로 장립했습니다.

사랑의교회에서는 지난 25년간 공예배 시간에 〈주기도문〉 찬송을 불렀습니다. 주기도문에는 하나님의 비전과 뜻이 전부 녹아 있습니다. 주의 뜻이 하늘에서 이루어진 것같이 땅에서도 이루어지게 해 달라는 기도만큼 하나님이 원하시는 기도가 어디에 있겠습니까. 나라와 권세와 영광이 아버지께 돌아가게 해 달라는 기도만큼 아름다운 기도가 어디에 있을까요. 이것은 우리 평생의 기도 제목이 되어야 할 것입니다. 이 소명을 받은 데에는 목사와 평신도가 다르지 않습니다. 달란트 비유에서 열 달란트 받은 사람은 목사이고, 다섯 달란트 받은 사람은 평신도입니까? 그렇지 않습니다. 직분과 달란트는 같지 않습니다. 여기에서 중요한 것은 하나님께 부름 받은 우리 모두는 주님의 달란트를 위탁받은 청지기라는 사실입니다. 그 달란트의 양이 얼마냐는 전혀 중요하지 않습니다. 우리는 모두 소명자입니다. 마지막 날에 주님은 우리가 받은 달란트가 얼마인가가 아니라 얻은 열매를 결산하실 것입니다.

한국 교회의 내일은 위험합니다. 저는 이 모습을 '벼랑 끝에 선 한국 교회'라고 표현하곤 합니다. 제가 너무 부정적이라고 생각할지도 모르겠습니다. 그러나 위기가 심각해질수록 평화를 외치는 자들이 환영을 받았습니다. 사람들은 마음이 기뻐지고 희망적인 이야기를 해야만 좋아합니다. 성경을 똑바로 쳐다보십시오. 하나님은 죄를 지으면 책망하셨고, 특히 말씀을 통해 책망하셨습니다. 어떻게 이 상황에서 좋은 말만 할 수 있겠습니까. 단연코 한국 교회는 벼랑에 섰습니다.

이 상황을 바꿀 수 있는 것은 다음 세대 목회자들일 것입니다. 그리고 그중에서도 하나님의 손에 붙들린 소수일 것입니다. 그 소수는 아마 하나님의 비전을 자기의 비전으로 삼을 사람들일 것입니다. 하나님의 꿈을 당신의 꿈으로 만드십시오. 가장 작은 자가 천을 이루는 꿈 말입니다. 세상적으로 큰 자라고 인정받는 사람이 하나님 나라를 위해 큰일을 하는 것을 보기가 힘듭니다. 버려진 돌처럼 쓸모없는 사람들이 주의 손에 붙들려서 역사를 바꾸었습니다. 이것은 사람의 능력이나 힘으로 되는 것이 아니고, 오직 성령의 역사로 되는 것입니다. 하나님이 우리와 함께 계시면 큰 산이 평지가 되는 기적이 일어날 수 있다는 꿈이 우리의 것이 되어야 합니다. 하나님이 우리와 함께 계시면 한국 교회도 일어날 수 있다는 희망으로 각성합시다.

우리가 신앙생활을 하는 이유는 무엇입니까? 천국 가기 위해서인가요? 그렇지 않습니다. 우리는 구원받았기 때문에 신앙생활을 합니다. 그리고 이 부분에 있어서도 목회자와 평신도는 다르지 않습니다. 역할이 틀릴 뿐, 신앙생활의 목표가 그리스도를 닮아 가는 것이라는 데 있어서 결코 다르지 않습니다. 그러나 우리네 교회는 아직도 하루 종일 교회에서 봉사하고 목사에게 순종하는 것으로 신앙을 평가하며, 그 이상은 이야기하지 않으려 듭니다. 따라서 이것으로도 제자훈련의 당위성에는 충분한 근거가 되겠지만 저는 만족하지 않았습니다. 정말 빠져나올 수 없도록 우리를 몰아붙이는 근거가 될 만한 신학적 근거를 찾고 싶었습니다. 그러나 제가 연구했던 서적들이 대부분 개혁주의(reformed) 신학자들의 저술이었기 때문에, 저는 곧 한계를 느끼게 되었습니다. 시원한 대답을 찾지 못해 답답하던 차에 웨스트민스터 신학교 서점을 뒤지다가 한스 큉(Hans Küng, 1928-2021)의 《교회론》(The Church)을 발견하게 되었습니다. 한스 큉은 가톨릭 신학자였으며, 이 사람의 신학은 너무 자주 변해서 이제는 다원주의자로 기억되는 사람입니다. 그러나 이 사람이 쓴 《교회론》과 《칭의론》(Justification)은 대부분의 신학자들이 인정하는 세기의 걸작입니다. 구원받았는지조차 의심스러운, 이 종잡을 수 없는 천재 신학자를 통해 하나님이 이렇게 놀라운 책을 세상에 남기신 것을 보며 저는 놀라움을 금할 수 없었습니다. 서점에 주저앉아 단순하고, 명료하고, 심오한 그의 《교회론》을 읽으면서, 다른 책은 찾아볼 필요도 없겠다는 확신이 들었습니다. 2년 동안 찾아다녔던 모든 질문의 해답을 찾은 것입니다. 그것은 '사도성'

이었습니다.

사도성은 제가 신학교에서 한 번도 들어 보지 못한 교회의 본질이었습니다. 그도 그럴 것이 개혁주의 신학자들의 책에서는 거의 언급되지 않는 개념이었기 때문입니다. 언급하더라도 아주 가볍게 건드리고 지나가는 정도여서 쉽게 주목하기 어려웠습니다. 벌코프(Louis Berkhof, 1873~1957)를 비롯한 개혁주의 신학자들의 교회론에서는 세 가지 교회의 본질을 이야기하고 있습니다. 세상과 구별된 성성(聖性: holiness), 그리스도를 머리로 하는 통일성(統一性: unity), 민족과 시대를 초월하여 하나님의 교회는 하나라는 보편성(普遍性: catholicity)입니다. 그러나 한스 큉은 여기에 한 가지를 덧붙이는데, 그것이 바로 사도성입니다.

사도성은 요한복음 20장 21절과 에베소서 2장 20절에 근거한 교회의 본질입니다. "예수께서 또 이르시되 너희에게 평강이 있을지어다 아버지께서 나를 보내신 것같이 나도 너희를 보내노라"(요 20:21). 이 말씀은 사도는 주님으로부터 보냄 받은 자라는 뜻이며, 사도들로부터 생겨난 전 세계 교회의 전 성도 역시 주님으로부터 보냄 받은 자라는 개념입니다. "너희는 사도들과 선지자들의 터 위에 세우심을 입은 자라 그리스도 예수께서 친히 모퉁잇돌이 되셨느니라"(엡 2:20). 이것은 교회가 사도의 터 위에 세워졌다는 개념입니다. 사도는 교회의 시작이요, 영원한 터전입니다. 사도의 터 위에 세워지지 않은 것은 교회가 아닙니다.

앞서 말한 성성, 통일성, 보편성을 갖췄다 할지라도 사도성이 없으면 그것은 성경적인 교회가 아닙니다. 한스 큉은 이렇게까지 말합니다. "네 가지 본질 중에서 사도성은 다른 세 가지 본질을 평가할 수 있는 기준이 된다." 아무리 거룩하다고 해도 사도성이 결여된 거룩이라면 그것은 성경적인 교회의 본질이 될 수 없다는 것입니다.

그렇다면 개혁주의 신학자들은 왜 사도성을 은근히 무시하고 지나
갔을까요? 여기에는 다 이유가 있습니다. 중세 교회, 즉 로마 가톨릭
에서 자신들의 정통성을 주장하기 위해 늘 들고나오는 깃발이 있었
는데, 그것이 바로 사도성이었습니다. 로마 가톨릭만이 베드로의 후
예라는 정통성을 주장할 때마다 그 근거로 사도성을 제시했던 것입니
다. 이런 식으로 악용하였으니, 이에 대한 반작용으로 개혁주의 신학
에서는 사도성에 대한 언급을 일부러 피하게 된 것입니다. 종교개혁
자들 역시 중세의 옷을 입은 인간이었습니다. 다만 중세라는 환경에
서 교회를 논한 것이 지금에 이르게 되었으니 안타까울 뿐입니다. 교
회론은 성령의 인도하심에 따라 시대마다 개혁의 정신으로 끊임없이
발전해야 합니다. 그것이 진정한 종교개혁의 계승일 것입니다.

교회는 사도의 터 위에 세워졌으며, 세상으로 보냄을 받은 소명의
공동체라는 본질이 바로 교회의 사도성입니다. 그렇다면 누가 사도성
을 계승하는 것일까요? 한스 큉은 로마 가톨릭의 교황도, 로마 가톨
릭의 첨예한 조직도 이 사도성을 계승하지 못한다고 말합니다. 그는
전 교회(the whole church)가 사도성을 계승한다고 말합니다. 예수 그리
스도를 주로 고백하고 교회 공동체에 들어온 모든 성도들이 사도성을
계승한다는 것입니다.

먼저 전 성도는 사도들이 첫 목격자로서 우리에게 전해 준 복음과
교훈(성경)을 계승합니다. 이 부분에 있어서 우리는 아주 잘하고 있습니
다. 누구든지 예수님을 믿게 되면 성경을 읽도록 권함을 받으며 성경
을 배우게 되고, 특정 계층만 성경을 읽는 권한을 독점하지 않기 때문
입니다.

또한 전 성도는 사도들이 감당했던 사역을 계승합니다. 사도들은 예수님으로부터 절체절명의 명령을 받았습니다. "그러므로 너희는 가서 모든 민족을 제자로 삼아 아버지와 아들과 성령의 이름으로 세례를 베풀고 내가 너희에게 분부한 모든 것을 가르쳐 지키게 하라"(마 28:19-20상). 이 명령을 받은 사도들은 평생을 헌신하다가 대부분 복음을 위해 피를 뿌렸습니다. 그렇다면 사도들이 무덤에 들어감과 동시에 이 절대 명령의 효력은 없어졌을까요? 물론 그렇다고 주장하는 사람들도 더러 있으나, 이 명령은 사도들로 인해 지상에 생겨난 모든 교회가 계승하는 것입니다.

우리는 교회를 채우기 위해 전도하는 것이 아닙니다. 사도성을 계승하기 때문에 사도들처럼 헌신하는 것입니다. 그러나 많은 목회자들이 성도들이 세상에서 감당해야 할 역할을 이야기할 때 교회의 부흥을 말하고, 전도 목표를 들먹입니다. 그런 목적으로 전도하는 평신도들에게 무슨 의욕이 있겠습니까. 본질을 벗어난 동기로 독려하지 마십시오. 예수님으로부터 대사명을 받은 사도 베드로의 후계자이므로, 역시 복음 전파의 명령을 받았음을 알려 주어야 합니다. 복음을 위해 죽어야 함을 알려 주어야 합니다. 본질을 이야기해야 합니다.

사랑의교회에서는 1983년부터 1년에 한 번씩 대각성 전도집회를 하고 있습니다. 처음 두 번 정도는 좋은 부흥 강사를 모셔다가 집회를 했는데, 실패했습니다. 교인들이 모이지 않았습니다. 잘 맞지 않았던 모양입니다. 그래서 성도들이 스스로 각성하는 길은 전도하는 것이라고 결론을 내리고, 대각성 전도집회를 시작하게 되었습니다. 자신이 전도한 사람이 예수님을 믿겠다고 결신하는 것을 볼 때, 가장 큰 은혜를 받게 되기 때문이었습니다. 매년 6개월씩 준비해서 4일 동안 집회를 하는데, 정말 엄청난 일들이 일어나는 것을 목도하였습니다.

우리는 교회 밖에 잃은 양 한 사람만 보아도 나가서 전도해야 합니다. 교회가 좁다고 불평하지 마십시오. 벽이 무너지고 천장이 날아가도, 안 믿는 사람이 있다면 우리는 전도해야 합니다. 당신이 바로 베드로의 후계자이기 때문입니다. 하나님이 당신에게 명령을 주셨습니다.

많은 목회자와 신학자들이 사도의 교훈 계승은 인정하면서도, 사역의 계승에는 함구합니다. 이 얼마나 큰 모순입니까. 따라서 저는 사도성의 개념을 저의 것으로 만든 후, 제자훈련이 성경적으로나 신학적으로 흔들릴 수 없는 목회 철학이 될 수 있겠다고 확신하게 되었습니다. 그리고 그 확신은 지금까지도 흔들리지 않고 있습니다.

제가 결혼하던 시절만 해도 목사가 되겠다는 사람에게 귀한 딸을 내주려는 사람이 많지 않았습니다. 오히려 장로가 될 만한 젊은이들에게 시집보내는 것을 좋아했습니다. 자기 딸이 고된 소명자의 삶을 살게 될 것이 두려웠기 때문입니다. 그러나 요즘은 목사 후보자들과 결혼하겠다는 여성들이 적지 않습니다. 사모들 중에 인물도 좋고 많이 배워서 똑똑한 사람들이 많습니다. 요즘은 목사직이 인기랍니다. 어떻든 70세 정년이 보장되고, 마음만 먹으면 전 세계를 돌아다니며 일할 수 있는 직업이기 때문이라고들 합니다. 고된 소명자가 아니라 화려한 직업이 되었습니다. 여자 대학교에서 두세 번째로 꼽히는 인기 있는 남편감이 되었습니다. 제가 결혼하던 시절에는 목사가 이발사 다음이었는데 말입니다. 이것이 교회가 타락했다는 가장 큰 증거일 것입니다. 사도들이 자기 십자가를 지고 평생 주님을 따랐던 것처럼 목사들이 목사답게 살아간다면, 아마 시집오려는 여성들이 그리 많지 않을 것입니다.

목사가 목사답게 살지 못하는 이 마당에 어떻게 평신도를 우습게

볼 수 있겠습니까. 평신도 역시 보냄 받은 사도요, 교회의 주체입니다. 그리고 그리스도의 말씀을 계승할 뿐 아니라, 그리스도께서 명령하신 사역을 계승하는 사람들입니다. 그러므로 목회자든 평신도든 직분에 상관없이 은사에 따라 얼마만큼 충성하였느냐에 따라서 주님이 판단 하실 것입니다. 교회의 지도자들은 이것을 바로 가르쳐야 합니다. 바로 목회해야 합니다. 본질에서 이탈하지 말아야 합니다. 본질에서 이탈하여 인기만 구가하면 교회가 커지고 사람들로부터 칭찬을 들을지 모르지만, 하나님 앞에서 그가 받을 상은 없을 것입니다.

그렇다면 사도성에 근거해 평신도를 세우려면 어떻게 해야 할까요? 평신도는 태어나지 않습니다. 만들어지는 것입니다. 훈련해야 합니다. 예배만 드리고 흩어지는 군중을 만드는 것이 아니라, 헌금만 하는 기부자를 모으는 것이 아니라, 입으로만 주를 외치는 자를 찾는 것이 아니라 평신도 한 사람을 사역과 목회의 주체로 세우기 위해 훈련해야 합니다. 훈련에는 전략이 필요합니다. 표준을 세워야 하고 목표를 세워야 하며 방향을 세워야 합니다. 내 식대로 가르치면 목사의 제자를 양성하는 것입니다. 성경에서 가르치는 대로 평신도를 훈련해야 합니다. 이것이 전략입니다. 이 전략은 '제자도'(discipleship)라는 한 단어에 집약되어 있습니다. 성경에는 이러한 단어가 나오지 않습니다. 그러나 제자로 살아가던 사람들의 인격과 삶, 그들이 추구하던 목적은 쉽게 찾아볼 수 있습니다. 바로 작은 예수가 되는 것이었습니다. 예수님처럼 살기 위해 평생을 바친 이들의 이야기가 성경에는 수도 없이 등장합니다. 이것이 바로 제자도입니다. 그리고 이것이 평신도 훈련의 표준입니다.

20세기에 하나님께서 교회 안에 놀라운 일들을 일으키셨는데, 그 중 하나는 에큐메니컬 운동이고, 또 하나는 파라처치 사역이었습니다. 하나님은 이 양 날개를 교회에 달아 주셨습니다. 본래 WCC(세계교회협의회) 운동은 세계 교회가 하나 되어야 한다는 아주 건전한 동기에서 시작되었습니다. 후에는 변질되었으나, 이 운동을 벌인 사람들의 주된 관심사는 교회였습니다. 이들은 교회가 평신도라고 주장했으며, 어떻게 평신도를 제자리에 세워야 할지에 대해 많은 고민을 했습니다. 그리고 평신도들이 교회의 주체로서 감당해야 할 역할에 대한 값진 논문들을 많이 발표했습니다. 20세기는 평신도의 세기였다고까지 말할 수 있으며, 이 운동은 교회에 대각성을 촉발시켰습니다. 존 스토트(John Stott, 1921-2011)가 이 부분에 공을 세운 대표적인 인물입니다.

이들의 평신도 훈련 전략은 두 가지로 나누어 볼 수 있는데, 참여(participation)와 세속화(secularization)입니다. 평신도가 목회 사역에 적극적으로 '참여'할 수 있도록 문을 열어 주자는 것이었습니다. 설교에 은사를 받은 평신도들이 모임을 만들어 설교자와 함께 설교를 준비하고, 피드백해 주는 식으로 평신도들이 강단 사역에 참여할 수 있도록 문을 열어 주었습니다. 행정 사역도 문호를 개방하고, 목양 사역에도 문을 열어 주어서 평신도들이 적극적으로 사역에 동참하게 하자는 취지였습니다. 이들은 평신도가 교회에 '참여'하게 하는 방법과 함께, 평신도가 세상에 나가 제 역할을 감당하도록 '세속화'라는 방법을 택했습니다. 죄를 범하는 일이 아닌 이상, 어떤 분야든지 소명자로 들어가서 그 속에서 빛과 소금이 되게 하자는 것이었습니다. 그러나 이렇게 좋은 전략으로 시작된 에큐메니컬 운동이 4, 50년이 지난 후에 백기를 들고 이렇게 고백했습니다. "우리는 전략에서 실패했다." 왜 그랬을까요?

그에 대한 답을 말하기 전에 또 다른 이야기를 생각해 봅시다. 하나님께서 20세기 초에 변변치 않은 사람들을 들어 가슴을 뜨겁게 하시고, 변질되어 가는 서구 교회에 그리스도의 계절이 오게 하셨던 사건들이 있었습니다. 도슨 트로트맨(Dawson Earle Trotman, 1906-1956) 같은 사람은 고등학교밖에 나오지 않았습니다. 그러나 네비게이토를 창설해, 전 세계를 흔들어 놓았습니다. C.C.C.를 창설한 빌 브라이트 박사(William R. Bill Bright, 1921-2003), 빌리 그레이엄(Billy Graham, 1918-2018)과 같은 그리 두드러지지 않는 사람들이 일어나 파라처치 단체들을 세우기 시작했습니다. 이들은 지난 백 년간 교회의 역사를 바꾸어 놓았고, 승리했습니다.

무슨 차이가 있었을까요? WCC는 지성인들이 모인 단체였고, 파라처치 사역에는 평범한 사람들이 모였습니다. 초기에 두 가지 사역은 비교할 대상조차 되지 않았습니다. 그러나 파라처치 단체들의 전략이 성공한 것입니다. 이들의 전략은 단 하나, '제자도'였습니다. '사람부터 만들자'였습니다. 사람을 만든 다음에 함께 일하자는 것이 이들의 전략이었습니다. 그리고 그것은 예수님의 전략이었습니다. 예수님은 12명의 제자를 데리고 3년간이나 씨름하셨습니다. 일부터 시키지 않으셨습니다. 시간은 많이 걸릴지 몰라도, 이것이 주님이 우리에게 보여 주신 전략이었습니다. 우리는 주님의 모범을 따라야 합니다.

도슨 트로트맨은 샌디에이고에서 고등학교를 졸업하고, 전도를 받아 예수님을 믿게 되었습니다. 그리고 가슴에 불이 붙었습니다. 그는 신학교 문턱도 안 가 본 사람이었습니다. 그러나 성경을 읽다가 마태복음 28장 18절 이하를 놓고 성령이 주시는 새로운 명령을 발견했습니다. "예수께서 나아와 말씀하여 이르시되 하늘과 땅의 모든 권세를 내게 주셨으니 그러므로 너희는 가서 모든 민족을 제자로 삼아 아버지와 아들과 성령의 이름으로 세례를 베풀고 내가 너희에게 분부한 모든 것을 가르쳐 지키게 하라"(마 28:18-20상). 그는 이 말씀을 그냥 평범한 지나간 이야기로 받아들이지 않았습니다. 평범하게 전도하라, 세계를 복음화하라는 의미로 받아들이지 않았습니다. 그 이상이라고 생각했습니다. 그는 '제자를 만들라'는 말에 착안했습니다. 그래서 그는 사복음서를 통해 제자를 만드는 것의 의미, 예수님과 제자의 관계, 제자라는 이름을 반드시 사용해야 하는 이유 등을 세밀하게 연구하면서 크게 깨달았습니다. 예수님을 닮은 사람을 만들어서 예수님을 위해 죽을 수 있게 만들라는 의미라는 것을 알게 된 것입니다. 그리고 그는 그것을 실천으로 옮겼습니다.

그가 거주하던 샌디에이고는 해군 도시였습니다. 그는 6개월간 해상에서 훈련을 받고 휴가 나온 수병들을 대상으로 전도했습니다. 그리고 결신한 사람들을 자신의 아파트로 데려가서 오전에는 말씀을 공부하고 암송했습니다. 그리고 오후에는 함께 전도하러 나갔습니다. 예수님이 하신 대로 제자들을 양육해 본 것입니다. 그리고 휴가를 마친 수병들은 다시 배에 올랐습니다. 수병들은 배에서 다시 다른 사람들을 양육하기 시작했습니다. 엄청난 일들이 벌어졌습니다. 이것이 바로 네비게이토의 시작이었습니다.

도슨 트로트맨은 샌디에이고의 산에 올라 미국 50개 주의 지도를 펴 놓고 매일 한 주씩 짚어 가며 기도했습니다. "하나님, 이 주(州)에 그리스도의 제자들이 벌 떼와 같이 일어나게 하옵소서! 그 일을 위하여 종이 쓰임 받기 원합니다." 그는 50개 주의 기도가 끝나자 세계지도를 펴 놓고 기도하기 시작했습니다. 각 나라마다 매일매일 손을 짚어 가며 기도했습니다. "하나님, 이 나라에 그리스도의 제자들이 벌 떼와 같이 일어나게 하옵소서! 그 일을 위하여 종이 쓰임 받기 원합니 다." 누가 봤으면 미쳤다고 했을 것입니다. 그러나 놀라운 것은 하나 님이 그의 기도를 들으셨다는 것입니다. 네비게이토가 지금 127개 국 에서 엄청난 사역들을 일으키고 있지 않습니까. 선교단체라고는 아무 관심도 없었던 저 같은 사람조차 영향을 받았으니 말입니다.

한 사람이 말씀에 눈을 뜨고, 성령이 주시는 음성을 들으니 세상 이 바뀌었습니다. 제자로 세워서 사역을 시키라는 것이 주님의 방법 이요, 주님이 우리에게 보여 주신 전략입니다. 이 전략을 채택한 것이 파라처치 운동이 승리한 비결이었습니다. 반면 에큐메니컬 운동의 패 인은 사람을 만들기 전에 참여부터 시킨 것입니다. 감투부터 씌워 준 것입니다. 중생을 받은 사람인지, 부르심을 받은 사람인지 검증되지 않은 사람들이 교회 안에서 일하기 시작하니, 시간이 지난 후 결과는 뻔했습니다. 근본적으로 변화되지 않은 사람은 얼마 지나지 않아 그 본색이 드러날 수밖에 없습니다. 그리고 아무런 방비 없이 세상에 들 어갔을 때, 별수 없이 동화되고 마는 것입니다.

한국 교회가 지금 왜 이렇게 고통을 당하고 있습니까? 왜 이렇게 진통합니까? 왜 한국 교회의 엄청난 잠재력이 묻혀 있는 것일까요? 사람을 만들어 내는 데 투자하지 않았기 때문입니다. 이것은 성경공 부를 시키지 않았다는 말이 아닙니다. 새벽 기도를 통해서, 구역 예배 를 통해서, 주일학교를 통해서 얼마나 많이 성경을 가르쳐 왔는지 모 릅니다. 그러나 머리를 향해서만 망치질을 했을 뿐, 그 심령을 변화시 키지 못했습니다. 대답 잘하는 사람이 신앙 좋은 사람인 양 대접받아 왔으니, 교회 안에 쭉정이가 얼마나 많은가요.

제가 처음 남자 제자반을 시작할 때였습니다. 요한계시록을 처음부터 끝까지 다 외우는 형제가 있었습니다. 그는 육군 장교 출신이었는데, 요한계시록을 매일 한 번씩 외운다고 했습니다. 제가 잘 기억나지 않는 구절이 있을 때 그에게 물으면 되었을 정도였습니다. 그 정도면 완벽한 신자라고 칭찬받을 만했습니다. 그러나 제자훈련을 하면서 제가 알게 된 그는 정말 자신이 깨지지 않은 사람이었습니다. 자연인의 모습이 그대로 남아 있었습니다. 사무엘이 이새의 아들들을 보고 속았듯이 우리도 외모를 보고 속곤 합니다. 그러나 제자훈련을 하다 보면 진짜가 보입니다. 그래서 더욱 사람을 만드는 것이 얼마나 중요한지 깨닫게 되는 것입니다.

저는 압니다. 그리고 확신합니다. 평신도를 훈련시키면 얼마나 매력적이고, 얼마나 능력 있는 사람으로 변하는지 체험적으로 깨달았습니다. 그리고 제자훈련에 미친 저를 따라 수백 명의 목회자들이 이 길을 걷고 있습니다. 그들이 목회하는 교회는 체질이 바뀝니다. 사람이 바뀌면 교회가 바뀌기 때문입니다. 그리고 교회가 성장합니다. 사람을 먼저 세우라는 예수님의 전략대로라면 성공하지 않을 수가 없습니다. 오만 가지 방법으로도 바뀌지 않던 교회가 사람 하나 바뀌니까 변화하는 것입니다. 하지만 분명한 것은 한 사람의 변화가 본질이라는 점입니다. 성장이 목표가 되어서는 안 됩니다.

예수님처럼 사는 사람을 만드는 것이 제자훈련의 전략입니다. 표준은 예수님입니다. 이 표준에는 아무도 다다를 수 없을 것입니다. 평생 씨름하고, 손끝에 피가 맺히도록 타고 올라가도 거기에는 이를 수 없을 것입니다. 정상은 구름에 가려서 보이지도 않을 것입니다. 그럼에도 불구하고 하나님께서는 우리에게 그러한 목표를 요구하셨습니다. '무엇이 되느냐'보다 중요한 것이 '무엇을 바라보느냐'이기 때문입니다. 이것은 대청봉을 정복하겠다는 사람과 에베레스트를 정복하겠다는 사람의 자세와 가치관이 다를 수밖에 없는 것과 마찬가지입니다. 목표가 다르면 삶이 다릅니다. 예수님을 믿어서 복받고 평안을 얻겠다는 목표를 가진 사람과 예수님처럼 살겠다는 목표를 가진 사람의 신앙생활과 그 결과는 비교할 수가 없습니다. 달을 보고 활을 쏘는 사람과 감나무 위의 까치를 보고 활을 쏘는 사람의 자세는 분명 다릅니다. 한국 교회는 목표와 표준을 잃어버렸습니다. 천박한 목표를 가지고 신앙생활을 하고 있습니다. 목표가 낮다 보니, 나도 모르게 세상에 동화될 수밖에 없습니다. 이는 전적으로 교회에서 가르쳐 주지 않았기 때문입니다. 목표를 제대로 설정해 주어야 합니다. 불가능하다 할지라도 목표를 제대로 알려 주었어야 합니다. 목표가 높은 사람이 세상과 다르게 살 수 있고, 세상에 감동을 줄 수 있습니다. 이것이 제자도이고, 제자훈련의 전략입니다.

이것에 대한 좋은 책들이 근간에 많이 출간되었습니다. 맥스 루케이도(Max Lucado)의 《예수님처럼》(Just like Jesus)에서 이렇게 서술합니다. "하나님은 당신을 있는 그대로 사랑하십니다. 그러나 그대로 두시지는 않습니다. 하나님은 당신이 예수님처럼 되기를 원하십니다. 그래서 어떤 때는 고통을 주면서도 당신을 다시 만들 것입니다." 이것이 하나님의 뜻입니다. C. S. 루이스(Clive Staples Lewis, 1898-1963)의 《순전한 기독교》(Mere Christianity)에는 이런 글이 있습니다. "마찬가지로 교회는 오직 사람들을 그리스도께 이끌어 작은 그리스도를 만들기 위해 존재합니다. 그리고 이 일을 교회가 하지 않는다면 건물도, 성직자도, 선교도, 설교도, 심지어는 성경 자체도 시간 낭비에 불과합니다." 이것이 교회의 존재 목적입니다. 헨리 나우웬(Henri Jozef Machiel Nouwen,

1932~1996)은 또한 이렇게 말했습니다. "우리의 영적 생활에 있어서 커다란 도전이 있는데, 그것은 우리 자신이 예수님과 같다고 주장할 수 있어야 한다는 것이다. 또 우리는 우리 자신이 오늘을 살고 있는, 살아 있는 예수라고 말할 수 있어야 한다." 진정한 구원이 무엇입니까? 진정한 구원은 예수님이 되는 것입니다.

한국의 모든 목회자들이 삶의 목표를 예수님께 두고 그분처럼 되어 보겠다고 신앙생활을 했다면, 오늘날 이렇게 부패하지는 않았을 것입니다. 천만 명 가까이 되는 한국 교인들이 예수님처럼 되는 데에 목표를 두고 신앙생활을 했다면, 오늘날 한국 교회가 이렇게 사회에 악영향을 끼치지 않았을 것입니다. 정치가 이렇게 썩지 않았을 것입니다. 거짓말을 하지 않으면 통하지 않는 사회가 되지 않았을 것입니다.

사도행전에서 서신서로 넘어가면서 '제자'라는 단어는 성경에서 사라집니다. 그러나 하나님의 말씀은 계시의 연속성을 지니고 있습니다. 하나님의 계시는 갈수록 선명해집니다. 창세기에서 희미하던 계시가 신약에서 더 밝게 드러나며, 사복음서에서 정확하게 이해할 수 없었던 십자가의 은혜가 서신서에서 해석됩니다. 그리고 계시는 통일되어 있습니다. 그러므로 사복음서나 사도행전에 등장하던 '제자'의 개념은 서신서에서 오히려 더 밝게 드러납니다. 바로 '온전한 자' '완전한 자'(텔레이오스)라는 개념으로 나타납니다.

"그가 어떤 사람은 사도로, 어떤 사람은 선지자로, 어떤 사람은 복음 전하는 자로, 어떤 사람은 목사와 교사로 삼으셨으니 이는 성도를 온전하게 하여 봉사의 일을 하게 하며 그리스도의 몸을 세우려 하심이라 우리가 다 하나님의 아들을 믿는 것과 아는 일에 하나가 되어 '온전한 사람'을 이루어 그리스도의 장성한 분량이 충만한 데까지 이르리니"(엡 4:11~13). 온전한 사람이 되는 것이 바로 예수님을 닮는 제자가 되는 것입니다. 이것은 우리가 볼 때마다 불편해지는 말씀입니다. 이렇게 될 가능성이 있는 사람은 이 세상에 존재하지 않기 때문입니다. 그러나 이것을 요구하신 이유는 하나님이 우리의 아버지이시기 때문입니다. 아버지는 자녀에게 항상 최고의 것을 기대합니다. 남이 볼 때에는 별 볼일 없는 딸이라도, 아버지 눈에는 천하의 미인입니다. 그 자녀가 얼마나 훌륭한 사람이 될지는 아무도 모릅니다. 그러나 부모는 최고의 사람이 되기를 원합니다. 너무 사랑하기 때문입니다. 이것이 바로 하나님이 우리에게 예수님을 닮으라고 명령하신 이유입니다.

하나님은 우리에게 시시한 것을 요구하지 않으십니다. 악한 세력을 이기고 승리자 되신 예수님과 함께 시온산 높은 곳에서 하나님을 찬송하는 날이 오기를 기다리고 계십니다. 기독교는 천박한 종교가 아닙니다. 분명한 목표와 방향을 그리스도 안에서 찾아야 합니다. 그리고 그 목표에 맞는 나 자신이 되고, 그 목표에 맞는 평신도를 키워서 하나님의 영광을 드러내고자 하는 꿈을 가지십시오. 주님은 우리에게 그것을 원하고 계십니다.

3

한 사람을
완전한 자로

제자훈련, 하나님의 명령

예수님을 아는 지식과 신앙은 일치해야 합니다.
내가 아는 것과 내가 믿는 것이 동일해야 합니다.
그리고 나아가서 온전한 사람이 되는 과정에 발을 들여놓아야 합니다.
그래야 그리스도의 장성한 분량이 충만한 데까지 성장하는 것입니다.

한 사람을
완전한 자로

주지하는 바와 같이 교회의 주체는 평신도요, 평신도는 소명을 가지고 있습니다. 교회의 본질인 사도성에 입각하여 모든 성도는 하나님으로부터 세상으로 보냄을 받았습니다. 그래서 저는 종교개혁자들이 우리에게 가르쳐 준 완벽하고 아름다운 불가결의 교회의 정의, '세상으로부터 부름 받은 하나님의 백성'에 한 가지를 추가하곤 합니다. 지상의 교회는 세상으로부터 부름 받은 백성인 동시에, 세상으로 보냄 받은 그리스도의 제자라는 것입니다. 교회가 지상에 존재하는 한 이 양면은 서로 보완되어야 합니다. 하나님의 나라가 온전히 임하시면 우리는 세상으로 보냄 받을 필요가 없습니다. 그러나 우리가 세상에 있는 한 이 정의는 절대적으로 필요합니다.

세상과 구별된 특권과 동시에 하나님의 뜻을 이 땅에 이루기 위해 보냄 받은 소명이 우리에게 있습니다. 그러나 오늘날 대부분의 교회들이 구원받았다는 특권만 강조하고, 세상을 정복하라는 부르심은 철저하게 가르치지 않습니다. 제자가 되라고 강조하지 않습니다. 이러니 교인이 많아질수록 오합지졸이 될 수밖에 없는 것입니다. 목 좋은 곳에 하드웨어만 잘 꾸며 놓아도 교회가 안 될 리 없습니다. 사람들이 가득 차 있는 아파트촌에서 교회를 시작하면 안 될 수가 없습니다. 사람은 많이 모입니다. 그러니 몇 명이 모이는가에는 신경을 쓰지 맙시다. 교인들을 제대로 훈련시키지도 못하면서 사이즈만 커진다면, 한국 교회가 무력화되는 데에 일조하는 결과 말고 무엇을 기대하겠습니까. 수만 명, 수십만 명 모인다고 자랑하면서 예배만 요란하게 드리고 행사만 요란하게 치르면서 정작 사람들을 제자로 세우지 못한다면, 그 목회는 하나님의 교회를 망치는 일이 될 것입니다.

알차게 훈련을 시키기에는 허리에 해당하는 중소형 교회들이 좋습니다. 아무리 작아 보이는 사람이라도 천을 이룰 수 있도록, 그리스도의 제자로 만들어 파송할 수 있기 때문입니다. 그럼에도 불구하고 많은 신학생들과 목사 후보자들의 꿈은 '만 명 교회'를 만드는 것입니다. 이런 사람들은 절대 목사가 되어서는 안 됩니다. 저는 대형 교회의 목사 중 한 사람으로서, 제가 만약 제자훈련에 눈을 뜨지 못했다면 어찌 되었을까 두려울 때가 많습니다. 1년에 장례가 450건 나는 교회를 상상해 보십시오. 교회가 크면 본질에 집중하기보다 비본질적인 것에 많은 시간을 빼앗기게 됩니다. 그러다 보면 그 큰 사이즈의 교회를 운영하는 데에만 정신이 팔려서 진짜를 놓치는 위험에 처할 수 있습니다. 대부분의 대형 교회들이 그러한 전철을 밟게 됩니다. 그러다가 그 교회를 움직이던 중요한 한두 사람이 빠져나가 버리면 아무것도 남지 않습니다. 기념관이 되는 것입니다. 기억하십시오. 외과 의사는 실수하면 한 사람을 죽이지만, 목사는 실수하면 수천, 수만 명을 죽일 수 있습니다.

하나님께서는 교회 안의 모든 믿는 자들이 제자, 곧 완전한 자가 될 수 있도록 크게 세 가지를 주셨습니다. 첫째는 성경을 주셨습니다. 둘째는 교역자를 주셨습니다. 그리고 셋째로 모델을 주셨습니다.

첫 번째로, 우리는 하나님의 말씀을 받았습니다. "성경은 능히 너로 하여금 그리스도 예수 안에 있는 믿음으로 말미암아 구원에 이르는 지혜가 있게 하느니라 모든 성경은 하나님의 감동으로 된 것으로 교훈과 책망과 바르게 함과 의로 교육하기에 유익하니 이는 하나님의 사람으로 '온전하게 하며' 모든 선한 일을 행할 능력을 갖추게 하려 함이라"(딤후 3:15하-17). 하나님이 교회에 성경을 주신 이유는 첫째, 믿지 않는 자들이 구원에 이르게 하려 하심이요, 둘째는 믿는 자들로 온전하게 하시기 위함입니다. 하나님의 자녀가 되게 하고, 하나님의 자녀 된 사람들이 예수님을 닮게 하시려고 말씀을 주신 것입니다.

저는 이 부분에서 존 스토트의 견해를 따릅니다. '완전한'(텔레이오스)이라는 형용사는 '목적'(텔로스)이라는 명사의 활용으로, 이 '목적'은 하나님이 인간을 만드신 목적을 말합니다. 영원히 하나님을 찬양하고 영화롭게 하는 것이 인간의 창조 목적이었습니다. 장자 되신 예수 그리스도를 완전히 닮은 자로 만드신 것입니다. 인간의 타락으로 그것이 깨어졌을 뿐, 본래의 창조 목적은 여전히 살아 있습니다. 타락한 인간에게 예수 그리스도를 보내심으로 하나님은 인간을 지으신 목적을 회복하려는 뜻을 보여 주신 것입니다. 그래서 인간은 예수님을 보고, 닮아 감으로 창조 목적에 합당한 삶을 살 수 있게 되었습니다. 이것이 하나님의 목적(텔로스)입니다. 그리고 이 목적을 따라 사는 사람은 완전한(텔레이오스) 자가 됩니다.

이를 위해 하나님은 자신의 감동으로 쓰인 말씀을 주셨습니다. 우리는 성경을 책으로 보지 않습니다. 성경은 우리를 교육하고 책망합니다(딤후 3:16 참조). 어떻게 책이 교육하고 책망하겠습니까? 하나님의 말씀에는 살아 계신 예수 그리스도의 인격이 있습니다. 그래서 우리는 성경에서 예수 그리스도의 인격을 만나 교훈과 책망을 받는 것입니다. 살아 계신 주님을 만나는 것입니다. 그분의 음성을 통해 우리는 깨우치고, 죄를 회개하고, 나의 어두운 영을 활짝 열어 하나님의 높고 오묘하고 깊은 뜻을 분별하며, 주의 법의 기이한 것을 보게 되는 것입니다. 이를 위해 하나님은 우리에게 성경을 주셨습니다. 이러한 성경을 통해 교훈과, 책망과, 바르게 함과, 의로 교육을 받아 온전한 자가 되는 과정에 이르게 됩니다. 말하자면 하나님은 자기의 모든 백성이 제자가 되도록 성경을 주신 것입니다. 그래서 성경을 통해 제자훈련을 하게 됩니다.

주님이 승천하시면서 "내가 너희에게 분부한 모든 것을 가르쳐 지키게 하라"(마 28:20상)고 명령하신 것은 지킬 때까지 가르치라는 말과 같습니다. 아무리 설교를 잘하고 아무리 열심히 가르쳐도 배우는 자가 지키지 않는다면 안 가르친 것만 못합니다. 아무리 많이 배우고 아무리 열심히 공부해도 그 말씀대로 순종하지 않으면 안 배운 것이나 진배없습니다. 성경은 반복 교육의 중요성을 강조합니다. 똑같은 사례가 계속해서 반복되는 것만 보아도 그러함을 알 수 있습니다. 내 인격이 변하지 않고 내 삶이 바뀌지 않으면 배우지 않은 것입니다. 진정한 교회 교육의 엑기스는 사람이 변하고 삶이 바뀌는 것입니다. 가르치는 자는 배우는 자가 말씀에 순종할 때까지 책임져야 합니다. 이것이 훈련입니다. 그래서 훈련에는 목적이 있습니다. 예수님에게까지 자라도록 인격과 삶의 변화를 추구하는 것입니다. 이것이 제자훈련입니다. 이것을 위해 하나님은 우리 손에 성경을 들려 주셨습니다.

한국 교회는 정말 열심히 성도들을 가르칩니다. 어떤 교회는 학원처럼 많은 강의와 화려한 커리큘럼을 개설해 성도들을 가르칩니다. 열심히 가르치려고 애는 쓰는데, 분명한 목적이 없습니다. 많이 가르쳐서 많이 알게 하면 좋은 믿음을 갖게 될 것이라는 착각을 하고 있는 것입니다. 물론 많이 배워서 믿음이 좋아지는 사람도 있을 것입니다. 그러나 문제가 더 많습니다. 호미 들고 밭 갈던 농경사회에서는 몇백 명이 앉아 말씀을 배워도 인격과 삶이 변하는 역사가 일어났습니다. 그만큼 앎이 부족했고, 받는 대로 믿어 자기의 것으로 만들었습니다. 그러나 지금은 다릅니다. 정보가 난무하는 이 시대에는 일방적인 주입식 강의만으로는 삶이 변하지 않습니다.

또한 단순히 많이 알게 하는 것이 목적이라면, 그 목적은 잘못 설정된 것입니다. 제자훈련에 대해서도 이와 비슷한 비판을 하는 이들이 있습니다. 교인들을 너무 많이 가르쳐서 머리에 뿔이 나게 한다는 것입니다. 그리고 뿔이 나면 제일 먼저 교역자를 치받게 되니, 제자훈련을 하면 안 된다고 주장합니다. 그러나 뿔이 나는 것은 먹이를 제대로 주지 않았기 때문입니다. 많이 아는 것을 목적으로 해서 가르치면 머리에 뿔이 납니다. 기억력이 좋아서 대답 잘하는 사람이 믿음 좋은 사람, 성숙한 사람으로 인정받다 보면 뿔이 날 수밖에 없습니다. 성경을 제대로, 그야말로 성경적으로 가르치면 절대 머리에 뿔이 나지 않습니다. 예수 그리스도를 닮아 가는 데에 훈련의 초점을 맞추면, 삶이 변합니다. 배우면 배울수록 낮아지기 때문입니다. 주님을 알면 알수록 자신의 마음이 비워지기 때문입니다. 주님의 영광 앞으로 다가가는 사람이 고개를 쳐들고 아는 체할 수 있겠습니까? 자신이 아는 지식으로 남을 해칠 수 있을까요? 그는 주님을 목표로 놓고 자신을 비교하기 때문에 절대 그럴 수 없습니다. 더 겸손해지고 온유해집니다. 그것이 성경의 능력입니다.

그래서 제자훈련은 소그룹에서 귀납법적으로 성경에 접근하는 방식을 택합니다. 귀납법적 방식은 함께 배우고 함께 은혜를 나누고 함께 성장하는 방식입니다. 교역자가 소그룹에 들어가서 말씀을 가르친다 해도, 가르치기만 하는 것이 아닙니다. 가르치면서 함께 배웁니다. 평신도 역시 그 자리에 앉아 있지만, 배우기만 하는 것이 아닙니다. 다른 사람들을 가르치기도 하고, 동시에 함께 배웁니다. 소그룹의 구성원 모두가 은혜를 공유하는 것입니다. 서로가 말씀을 얼마나 이해했는지 점검하고 나누며, 자신의 약한 부분을 고백하며 함께 옷을 벗는 것입니다. 이것이 바로 본질에 입각한 귀납법적 소그룹 성경공부입니다.

성경을 바로 가르치면 교인들은 주님을 닮습니다. 성경을 잘못 가르치면 교인들은 마귀를 닮게 됩니다. 교만하고, 남을 비판하고, 교회 안에 덕을 세우지 못하고, 직분 하나 받으면 교회 안에서 두고두고 쓴 뿌리 노릇을 합니다.

제가 교회를 처음 개척했을 때, 서초구에만 이미 40개가 넘는 전통적인 교회들이 들어서 있었습니다. 저는 부흥집회도 하지 않았고, 대심방도 하지 않았습니다. 다만 주부 6, 7명을 모아, 아무도 하지 않는 제자훈련을 시작했습니다. 그때만 해도 제자훈련이라고 하면 이단인 줄 아는 사람도 많았기 때문에 성경공부를 하자고 하여 시작하게 되었습니다. 그것조차도 달가워하지 않는 성도들을 어르고 얼러서 딱한 달만 해 보고 그다음에 결정하라고 했습니다.

한 가정의 식탁에 모두 둘러앉아 제자훈련을 시작했습니다. 다들 성경공부라고 하니까 모세오경이 무엇이고, 아브라함의 아들에게 쌍둥이 아들이 있었는데, 그들의 이름이 무엇이냐 이런 식의 진행을 생각했던 모양입니다. 그러나 어림도 없는 것이었습니다. "그런즉 누구든지 그리스도 안에 있으면 새로운 피조물이라 이전 것은 지나갔으니 보라 새것이 되었도다"(고후 5:17). 이 말씀을 가지고 귀납법적으로 시작했습니다.

"김 집사님, 새로운 피조물이 무엇이라고 생각하세요?" 집사님은 가만히 있다가 대답했습니다. "예수 믿는 사람을 말하는 게 아닐까요?" 제가 다시 묻습니다. "맞습니다. 그리고 새로운 피조물이라는 말은 완전히 새로 만들어졌다는 말입니다. 그러면 오 집사님, 자신이 새로운 피조물이라고 확신하십니까?" 역시 머뭇거리다가 대답했습니다. "예…." 그러면 또 제가 이렇게 묻습니다. "어떤 계기로 그렇게 확신하게 되셨습니까?" 이렇게 질문하면 다들 꿀 먹은 벙어리가 되었습니다.

생전 이런 성경공부는 해 본 적이 없었던 것입니다. 성경을 교훈과 책망과 바르게 함과 의로 교육하시는 주님의 음성으로 받지 못했던 것입니다. 이제껏 성경은 그들에게 책이요, 지식이었습니다. 남의 이야기였습니다. 시간이 지나도 적응하지 못하는 그들을 가르치는 것이 사실 정말 힘들었습니다. 이 핑계 저 핑계를 대며 한 사람씩 빠지더니, 딱 한 사람 남았습니다. 제 아내였습니다. 장년을 대상으로 한 첫 번째 제자훈련을 실패한 것입니다.

그러나 저는 제자훈련을 포기하지 않았고, 교회가 성장하면서 교인이 백여 명쯤 되자 여섯 개 정도의 소그룹이 만들어졌습니다. 저는 제자훈련을 하느라 일주일 내내 정신이 없었습니다. 서초구에 들어선 다른 교회들에는 벌써 몇백 명씩 모인다는데, 계속 이런 식으로 목회할 거냐고 묻는 사람들도 있었지만 저는 그 길만 갔습니다. 성경이 진리라고 믿었기 때문입니다. 성도를 온전하게 하는 데 투자하면, 그 후에 열매가 맺힐 것이라고 성경이 말씀하는 대로 믿었습니다. 그대로

라면 그 교회는 목사 혼자 뛰는 교회가 아니고, 그리스도를 닮은 하나님의 백성들이 함께 뛰는 공동체가 되는 것입니다. 지금 몇 명이 모이든, 5년 후면 저와 함께 뛸 평신도가 족히 30-50명은 될 것이라고 확신했습니다. 단 백 명의 교인이 모여도 50명의 목사가 뛰는 교회와 수백 명이 모여도 한 명의 목사가 뛰는 교회는 비교 대상이 되지 않을 것이라고 생각했던 것입니다. 당장은 좀 느리고, 열매가 안 보여도 결국은 이기는 것이 제자훈련입니다.

두 번째로, 하나님은 교회에 교역자를 주셨습니다. "그가 어떤 사람은 사도로, 어떤 사람은 선지자로, 어떤 사람은 복음 전하는 자로, 어떤 사람은 목사와 교사로 삼으셨으니 이는 성도를 온전하게 하여 봉사의 일을 하게 하며 그리스도의 몸을 세우려 하심이라"(엡 4:11-12). 평신도 운동은 반(反) 교역자 운동이 아닙니다. 교역자는 주님이 교회에 주신 귀한 직분 중 하나입니다. 사도 시대도 지나가고, 선지자 시대도 지나가고, 이제 남은 것은 전도자(선교사)와 목사와 교사입니다. 여기에서도 저는 존 스토트의 입장을 따릅니다. 헬라어 원문상으로 목사와 교사는 일인이역입니다. 원문에 보면, 두 단어에 정관사가 하나만 붙어 있기 때문입니다. 목자이면서 가르치는 자가 오늘날의 목회자입니다. 목사는 양 떼를 돌보고, 사랑하고, 위로하고, 격려해야 하지만, 그것만 하고 있으면 교인들이 자라지 않습니다. 목사는 목자이기도 하지만, 가르치는 자이기도 합니다. 성도들이 그리스도의 장성한 분량에 이르도록 성장시키는 것입니다. 성숙한 신자, 능력 있는 그리스도인을 만드는 것이 목사의 책임입니다.

이렇듯 목회자는 양면을 모두 구비해야 하지만, 저의 견해로는 현대인들에게는 특히 가르치는 자로서의 책임을 다해야 한다고 생각합니다. 바울은 감독이 되기를 원하는 사람에게 개인적인 인격의 성숙 외에 딱 한 가지 은사를 요구하는데, 그것이 바로 가르치기를 잘하는 것입니다(딤전 3:2 참조). 오늘날 한국의 신학교들이 입학 전에 은사 점검을 하지 않는 것은 큰 문제입니다. 아무도 함부로 의사가 되겠다거나, 함부로 판검사가 되겠다고 달려들지 않습니다. 그러나 목사가 되는 것이 그보다 훨씬 힘든 일임에도 아무런 검증 과정을 거치지 않고 있습니다. 내 가슴의 소명이 하나님이 주신 것이라면 그에 필요한 은사도 하나님이 주셨을 것이라고 확신하고, 가르치는 은사가 내게 있는지 객관적인 평가를 받아 본 후에 신학교의 문을 두드려야 할 것입니다. 자신에게 가르치는 은사가 없다는 것을 뻔히 알면서도 신학교에 입학하는 사람은 남극을 탐험하는 것 이상의 모험심을 가진 사람이라고 생각합니다.

주님이 교회에 교역자를 주신 목적이 무엇입니까? "이는 성도를 온전하게 하여 봉사의 일을 하게 하며 그리스도의 몸을 세우려 하심이라"(엡 4:12). 성도를 온전하게 하는 것은 무엇입니까? 그다음 절에서 이에 대해 부연하고 있습니다. "우리가 다 하나님의 아들을 믿는 것과 아는 일에 하나가 되어 온전한 사람을 이루어 그리스도의 장성한 분량이 충만한 데까지 이르리니"(엡 4:13). 예수님을 아는 지식과 신앙은 일치해야 합니다. 내가 아는 것과 내가 믿는 것이 동일해야 합니다. 그리고 나아가서 온전한 사람이 되는 과정에 발을 들여놓아야 합니다. 그래야 "그리스도의 장성한 분량이 충만한 데까지" 성장하는 것입니다. 여기서 "장성한 분량"이란 다 성장한 어른의 키를 뜻합니다. 그리스도의 키까지, 그것도 충만하게 자라는 것입니다. "범사에 그에게까지 자랄지라"(엡 4:15). 교회에 교역자를 주신 목적은 성도를 온전하게 만드는 데 있습니다. 그래서 제자훈련을 교역자에게 맡기는 것입니다.

그런데 많은 목회자들이 성도를 온전하게 하는 제자훈련에 손을 대지 못합니다. 너무 힘들어서 엄두를 못 내는 것입니다. 주일 설교하고 다른 행정 업무를 보는 데도 정신없습니다. 게다가 제자훈련까지 하면 골병들게 생겼으니 겁을 냅니다. 목회를 왜 그렇게 어렵게 하느냐고 고개를 흔듭니다. 목사 체면이 있지, 여남은 명 되는 주부들 틈에 껴서 서너 시간 동안 같이 공부하겠느냐고 지레 겁을 먹습니다. 평신도가 감히 목사와 한자리에 앉는다는 것이 부담스러운 것입니다. 이와 같은 자들은 성경이 말하는 목회를 아직 모르는 사람들입니다.

또한 봉사의 일을 하기 위해서 하나님은 교회에 교역자를 주셨습니다. 이 말은 교역자가 일한다는 말이 아니라, 평신도가 일한다는 말입니다. 말하자면 평신도가 뛸 수 있도록 교역자가 장을 만들어 주어야 한다는 뜻입니다. 이렇게 해야 그리스도의 몸인 교회가 성장할 수 있습니다. 그리고 전 세계에 하나님 나라가 점차 임하게 되는 것입니다. 이것이 바로 그리스도의 몸을 세우는 것입니다.

그런데 오늘날 대부분의 교회에서는 성도를 온전하게 하는 일은 제쳐 두고 봉사만 시킵니다. 새벽 기도에 나오고, 예배 시간에 꼬박꼬박 앞자리에 앉고, 돈 좀 있는 것 같으면 장로의 직분을 주는 것이 한국 교회의 풍토입니다. 성도를 온전하게 하는 일에 투자하기보다 일부터 시킵니다. 직분부터 줍니다. 그리고 그 사람들이 그리스도의 몸을 온전히 세워 갈 것이라는 잘못된 소망을 붙들고 있습니다. 사람에게 먼저 투자하는 것은 많은 시간을 필요로 합니다. 그리고 진통도 있습니다. 그러나 이만큼 확실한 길이 없습니다. 사람이 먼저이고 그다음이 일입니다.

예수님도 세상에 계실 때 일하고 행사하느라 시간을 다 보내지 않으셨습니다. 주님이 마지막까지 정성을 쏟으신 대상은 별 볼일 없는

12명의 제자들이었습니다. 그들이 자신을 닮도록 하기 위해서 전력을 쏟으셨습니다. 그리고 승천하시면서 이렇게 명령하셨습니다. "그러므로 너희는 가서 모든 민족을 제자로 삼아 아버지와 아들과 성령의 이름으로 세례를 베풀고 내가 너희에게 분부한 모든 것을 가르쳐 지키게 하라"(마 28:19-20상). 칼 바르트(K. Barth, 1886-1968)는 이 본문을 이렇게 주석했습니다. "베드로야, 너는 가서 너를 닮은 사람을 만들어라." 이것이 제자훈련의 핵심입니다.

베드로는 3년 동안 주님을 배웠습니다. 그리고 자신도 모르게 주님을 닮아 갔습니다. 베드로의 모델은 주님이었습니다. 그런데 베드로가 나가서 제자를 만든다면, 먼저 누구를 닮게 만들겠습니까? 자기 자신을 닮도록 만들 것입니다. 제자는 제자가 낳는 것이기 때문입니다. "내가 그리스도를 본받는 자가 된 것같이 너희는 나를 본받는 자가 되라"(고전 11:1). 예수님과 제자 사이에는 눈에 보이는 모델이 존재하게 되어 있습니다. 성도들이 예수님의 인격이 무엇이며, 제자가 되는 것이 무엇인지 배울 수 있도록 다리 역할을 해 주는 것이 교역자의 할 일입니다. 그리고 그 후에 그리스도를 닮은 사람 중에 봉사하는 사람은 저절로 나오게 되어 있습니다. 그러나 이 순서를 지키는 사람은 많지 않습니다. 쉬운 것부터 하려고 합니다. 사람을 만드는 것이 우선입니다. 사람이 준비되어야 일을 맡길 수 있습니다. 장로가 되려고 성경공부 하는 사람이 얼마나 많습니까. 교회에서 하는 각종 성경공부가 장로 고시 과정이 되고 있습니다. 그런 식으로 얄팍하게 교인들을 가르치니 문제가 생길 수밖에 없습니다. 반드시 기억하십시오. 본질을 지키지 않으면 종국에 얻게 될 결과는 뻔합니다.

사랑의교회를 개척하고 5, 6년 후엔가, 백 미터 남짓 떨어진 상가에 있던 교회가 나가면서 그 자리에 불당이 들어섰습니다. 십자가 첨

탑에는 만(卍) 자가 붙었고, 사람들이 드나들기 시작했습니다. 그때만 해도 그 불당이 그렇게 유명해질지는 몰랐습니다. 조금씩 사람들이 모이더니, 얼마 후에는 부인들이 바인더를 손에 들고 낮이고 밤이고 줄을 지어 그 불당을 찾았습니다. 알고 보니 그 불당에는 지광 스님이라는 이가 있었는데, 일간지 기자 출신에 본래 가톨릭 신자였다고 합니다. 그는 유신 때 수배자 명단에 올라 퇴학을 당하고 지리산 토굴에서 어떤 승려와 함께 숨어 살게 되었는데, 그것이 인연이 되어 불교에 귀의하게 되었다고 합니다. 그런데 그 사람이 강의 중에 이런 말을 했다고 합니다. "우리 능인선원 옆에 교회가 하나 있는데, 그 교회가 참 활기차고 하도 유명해서 그 비결이 무엇인가 하고 보았더니, 제자훈련이라는 걸 합디다. 제자훈련이 성경을 많이 가르치는 것이라니, 우리 불교도 사는 길은 불경을 열심히 가르치는 것이라고 생각하게 되었습니다." 그래서 그도 제자훈련을 시작하게 되었답니다. 그런데 그 불당이 후에 얼마나 부흥을 했는지, 아주 유명해져서 큰 사찰을 지어서 그 상가에서는 나갔습니다. 그리고 그 유명한 불교 대학을 시작했습니다. 제자훈련을 체계적으로 한 것입니다. 불교를 살리는 길은 불제자를 만드는 데 있다며, 지금도 열심히들 하고 있다고 합니다.

저는 이 소식을 듣고 기가 찼습니다. 절에서도 되는 제자훈련을 왜 교회에서는 못하느냐는 생각이 들어서였습니다. 성령의 원칙을 따르지 않기 때문입니다. 사람을 먼저 세워야 한다는 본질을 기독교가 무시하니 공산주의가 이것을 차용하였습니다. 바로 골수분자를 만드는 것입니다. 시시해 보이는 사람이라도 한 사람만 골수분자가 되면, 한 마을이 들썩이게 된다는 사실을 그들은 알고 있었습니다. 그러한 전략으로 그들은 반세기도 안 되어 세계 지도의 반을 빨갛게 물들여 놓았습니다. 하나님이 가르쳐 주신 본질을 교회가 등한히 하고 쉬운 길만 찾으니, 마귀가 그것을 도둑질하여 하나님은 없다고 소리치고 있는 것입니다. 그런데도 목회자들은 무엇이 잘못됐는지, 어디에서 구멍이 났는지 아직도 알지 못합니다. 교역자를 교회에 주신 본연의 의미를 파악하지 못하고 목회하고 있으니 될 리가 없습니다. 에즈라 파운드(Ezra Pound, 1885-1972)는 이런 말을 남겼습니다. "세상은 좋은 방법을 찾지만, 하나님은 좋은 사람을 찾으신다." 하나님이 택하시는 가장 좋은 방법은 사람입니다.

세 번째로, 하나님은 제자훈련을 위해 모델을 주셨습니다. "우리가 그를 전파하여 '각 사람'을 권하고 모든 지혜로 '각 사람'을 가르침은 '각 사람'을 그리스도 안에서 완전한 자로 세우려 함이니 이를 위하여 나도 내 속에서 능력으로 역사하시는 이의 역사를 따라 힘을 다하여 수고하노라"(골 1:28-29). 하나님이 성경을 주시고, 교역자를 주시고, 모델을 주신 데에는 완전한 자를 만들기 위함이라는 공통의 목적이 있습니다. 우리는 이 말씀에서 바울의 목회 비전과 목회 철학을 엿볼 수 있습니다.

골로새교회는 바울이 개척한 교회가 아닙니다. 추측건대, 바울이 에베소에서 3년간 사역할 때 골로새에서 에바브라와 같은 사람들이 와서 회심하고 제자훈련을 받은 뒤 돌아가 교회를 개척한 것 같습니다. 따라서 에바브라는 바울에게 배운 그대로 골로새교회를 목회했습니다. 그렇기 때문에 바울은 자신이 개척한 교회가 아님에도 불구하고 골로새교회를 향해 이런 말을 할 수 있는 것입니다. 자신의 제자인 에바브라가 목회하는 교회는 자신이 목회하는 교회나 다름없었습니다. 바울은 위대한 선교사였습니다. 전 세계를 복음화하겠다는 원대한 꿈을 가진 사람이었습니다. 그러나 골로새교회를 향한 그의 목회 철학은 단순했습니다. 골로새를 복음화하는 것도 아니고, 3천 명이 모이는 교회를 세우는 것도 아니었습니다. 그의 목회 철학은 한 사람을 완전한 자로 세우는 것이었습니다. 이것이 바울이 보여 준 목회의 원형입니다. 이외의 것들은 모두 부수적인 것들입니다. 이에 비추어 볼 때, 겉모습에 치중하는 우리의 목회가 얼마나 변질되었는지 잘 알 수 있습니다.

제자훈련의 대헌장(골 1:28-29)에서 보는 바와 같이 제자훈련의 주제는 그리스도입니다. 그외의 다른 것을 보태면 안 됩니다. 예수님만 보여야 합니다. 목사의 제자를 만들어서는 안 됩니다. 예수님만 주제가 되어야 합니다. 전파하고 가르치고 권면하는 예수님의 사역을 그대로 계승하는 것이 제자훈련입니다. 제자훈련의 현장에서는 예수님의 사역이 그대로 재현됩니다. 전파하는 사역(preaching), 가르치는 사역(teaching), 치유하는 사역(healing)이 제자훈련의 현장에 나타나는 것입니다. 전파하는 사역을 통해 복음을 듣고, 가르치는 사역을 통해 변화 받아, 영과 육이 치유를 얻습니다. 권면하는 역사가 일어나고, 이것을 삶에 적용하는 기적이 일어납니다. 주님이 하시던 사역이 재연되는 것입니다. 그리고 개인이 실종되지 않는 예수님 주변의 환경 그대로 소그룹으로 실현돼, '각 사람'을 중시합니다. 십여 명 정도의 인원이 모여 앉아 말씀을 나누는 그 자리에서 역사가 일어납니다. 거기에서 교역자가 변합니다.

바울은 각 사람을 완전한 자로 세우기 위해 자기 안에서 역사하는 성령의 능력에 전적으로 의존했다고 고백합니다. 또한 인간으로서 자신이 쏟을 수 있는 모든 힘을 쏟았다고 말합니다. 그는 은혜와 자기 노력의 균형을 갖춘 지도자였습니다.

어떤 목회자는 매일 산에 가서 나무뿌리를 잡고 "주여! 주여!" 외칠 뿐 책 한 권을 읽지 않습니다. 또 어떤 이는 매일 책상 앞에만 앉아서 자신의 지식과 노력을 의지한 채 하나님의 능력은 전혀 구하지 않습니다. 진짜 목회는 성령의 능력과 인간의 노력, 이 두 가지가 결합이 될 때 힘 있게 일어난다는 것을 바울이 보여 주었습니다. 이것이 주님이 교회에 주신 목회의 모델입니다.

월간 〈디사이플〉 2003년 11월호에 실렸던 한 제자훈련 현장의 이야기입니다. 전라남도 녹동에는 교인이 4백여 명 모이는 녹동제일교회가 터줏대감 노릇을 하고 있었습니다. 녹동 전체 인구가 7천 명밖에 되질 않으니, 그만하면 제법 큰 규모의 교회였고 1927년에 세워진 만큼 교인들의 자부심도 대단했습니다. 그런데 1977년에 녹동중앙교회라는 새로운 교회가 하나 들어섰습니다. 얼마간 씨름을 하는데도 출석 교인이 몇십 명에서 제자리걸음을 할 뿐, 영 부흥하지 않았습니다. 그런데 그 교회에 강원준이라는 담임목사가 새로 부임했고 얼마 안 있어 녹동중앙교회에서 제자훈련을 시작하게 되었습니다. 4, 5년 동안은 겉으로 보기에 아무런 변화의 조짐이 보이지 않았습니다. 그러나 안에서는 엄청난 변화가 일어나기 시작했습니다. 먼저 목회자가 변했습니다. 뒤이어 제직들이 변하고 교인들이 변하기 시작했습니다. 그리고 점점 밖으로도 소문이 퍼져 나가기 시작했습니다. 녹동중앙교회가 부흥한다는 소식이었습니다.

결국은 녹동중앙교회와 녹동제일교회의 교세가 비슷해졌습니다. 터줏대감 노릇을 해 오던 녹동제일교회 장로들은 고민에 빠졌고, 마침 담임목사가 은퇴하면서 새로운 목회자를 청빙해야 할 시점이었습니다. 이에 장로들은 '자, 우리도 제자훈련을 해 보자'라고 결심하고 신문에 담임목회자 청빙 광고를 내면서, 조건으로 '제자훈련을 할 수 있는 목회자'라는 항목을 추가했습니다. 그리하여 김용희 목사가 녹동제일교회에 부임하게 되었습니다. 장로들은 어서 녹동중앙교회처럼 제자훈련을 시작하자고 재촉했지만, 김 목사는 터다지기 과정부터 차근차근 밟아 나갔습니다. 먼저 당회원들과 함께 전국의 제자훈련 모델 교회들을 탐방하러 다녔습니다. 제자훈련의 비전을 내 것으로 만들기 위해서였습니다. 장로들의 눈이 열렸고, 그 후에 녹동제일교회는 제자훈련을 시작했습니다. 그리고 무엇보다 녹동중앙교회의 강 목사와 녹동제일교회의 김 목사가 손을 잡고 녹동 지역사회를 위해 협력하기 시작했습니다. 한배를 탄 동지 의식을 갖고 연합 예배를 드리기도 하고, 지역 복음화를 위한 연합 행사를 갖기도 했습니다. 그러자 이 두 교회로 인해 녹동이 변하게 되었습니다.

15년 전쯤인가, 한 신학대학원에 제자훈련 특강을 하러 간 적이 있습니다. 질문 시간이 되었는데, 한 젊은 목사 한 사람이 손을 들고 일어났습니다.

"듣자 하니 목사님이 말씀하시는 제자훈련이라는 것은 잘 배우고 잘살고 시간적인 여유가 있는 사람들이 사는 서울 강남에서나 통할 듯합니다. 하지만 저처럼 인천 달동네에서 개척한 목회자들에게는 남의 이야기 같습니다. 우리 동네에서는 세 명이 둘러앉을 수 있는 방도 없는 집이 대부분입니다. 새벽 일찍 함지 이고 나가 밤늦게 들어오는 교인들이 대부분입니다. 이런 환경에서도 제자훈련을 할 수 있다고 생각하십니까?"

진지한 질문이었습니다. 저는 그 질문을 받고 기도했습니다. '가벼이 대답하지 않게 하옵소서.' 성령께서 지혜를 주셨고 저는 대답했습니다.

"목사님이 왜 그런 질문을 하시는지 충분히 이해가 되었습니다. 제가 질문을 하나 먼저 드려도 실례가 안 되겠습니까?" 그의 허락을 받고 저는 질문했습니다. "목사님, 만일 인천 달동네에 옥한흠이라는 목사가 가서 교회를 개척했다면, 제자훈련을 했겠습니까, 안 했겠습니까?" 그랬더니 그는 피식 웃으며 "목사님이라면, 했겠죠" 하고 멋쩍게 대답하며 자리에 앉았습니다.

그런데 정말로 15년 전쯤, 아스팔트도 깔리지 않은 인천 달동네에서 천막을 쳐 놓고 교회를 시작한 젊은 목사가 있었습니다. 그는 열정을 쏟아 목회를 했지만, 잘되지 않아 목회를 포기하려고 기도원에 들어갔습니다. 그런데 그곳에서 말씀을 읽던 중에 그의 눈에 '가르친다'라는 단어가 계속해서 들어왔습니다. '나는 가르치지 않았는데…' 결국 그는 교회 문을 닫을 명분은 찾지도 못하고 '가르친다'라는 단어만 들고 기도원에서 내려왔습니다. 그러던 중에 제자훈련지도자세미나의 소식을 듣고 참석해 눈을 뜨게 되었습니다. '내가 갈 길은 이것이다.' 그리고 그는 인천 달동네에서 제자훈련을 시작했습니다. 이 교회가 바로 지금 1,500명의 교인이 출석하는 인천 은혜의교회입니다. 이 교회에는 교역자라고는 담임목사인 박정식 목사 한 사람뿐입니다. 그리고 모든 사역이 제자훈련을 받은 평신도 사역자들의 손에 의해 움직이고 있습니다.

전에는 제자훈련은 잘 배우고 잘사는 지역에서만 가능하다고들 했지만 농촌에서도, 어촌에서도 제자훈련을 통해 교회의 체질이 변하고 있음을 수없이 볼 수 있습니다. 중요한 것은 지도자가 누구냐의 문제입니다. 환경이나 교인들의 수준은 문제가 아닙니다. 제자훈련에 대한 분명한 철학과 실제를 가지고 있는 사람이라면, 어디에 가도 제자훈련을 할 것입니다. 목회의 본질은 양보할 수 없는 것이기 때문입니다. 문제는 지도자가 얼마나 준비되었느냐에 있습니다.

마지막으로 당부하고 싶은 것은 목회의 본질을 놓치지 말라는 것입니다. 본질이 아닌 것을 붙들고 씨름하는 것은 시간 낭비일 뿐입니다. 다시 한번 하나님의 말씀을 주의 깊게 읽어 보십시오. 정말로 양 떼들이 신뢰하고 전적으로 따를 수 있는 지도자로 거듭나십시오. 하나님은 그런 사람을 통해 역사하십니다. 그리고 그런 목회자가 목회하는 교회를 통해 이 땅에 하나님의 나라가 임하실 것입니다. 하나님의 역사는 절대 교회의 사이즈에 제한받지 않으십니다.

또한 하나님이 당신을 개인적으로 부르시고, 개인적으로 사명을 주신 것과 같이 평신도들에게도 동일하게 행하신다는 것을 잊지 마십시오. 그래서 그 귀한 양 떼들이 강대상 아래에만 모였다 흩어지게 하지 말고, 하나님과의 인격적인 만남을 갖도록 적극적으로 주선하십시오. 예수님을 닮아 가는 삶이 어떠한 것인지 당신의 삶을 통해 보여 주십시오. 교회의 주체로, 본래 있어야 할 자리에 있게 하십시오. 교인들 머릿수만 세다 끝낼 목회라면, 지금이라도 그만두십시오. 양적 성장을 노리는 제자훈련이라면, 아예 시작도 마십시오. 그게 차라리 하나님 나라 확장을 위한 일일 것입니다.

목이 곧고 배가 부른 이 땅의 목회자들에게는 낮아지는 자세와 말씀을 보는 열린 눈이 필요합니다. 이를 위해 끊임없이 기도하고 자신을 돌아보는 자들이 됩시다. 소망이 없어 보이는 한국 교회라 해도, 구하는 자에게 하나님은 주신다고 분명히 약속하셨습니다.

저는 백 년 전, 이 땅의 평신도들로부터 일어났던 들불 같은 복음의 폭풍이 21세기 초두에 다시 몰아칠 것을 기대합니다. 그리고 오직 무릎으로, 행동하는 믿음으로, 한 사람을 세우는 목회로 갱신하는 한국 교회를 꿈꿉니다. 목회자와 평신도, 모두 허리를 굽혀 서로의 발을 닦아 주는 목회 현장에서 우리는 진정한 변화를 만날 수 있을 것입니다.

국제제자훈련원은 건강한 교회를 꿈꾸는 목회의 동반자로서 제자 삼는 사역을 중심으로 성경적 목회 모델을 제시함으로 세계 교회를 섬기는 전문 사역 기관입니다.

옥한흠 전집 주제 02

길 | 이것이 목회의 본질이다

초 판 1쇄 인쇄 2021년 9월 10일
초 판 1쇄 발행 2021년 9월 20일

지은이 옥한흠
디자인 참디자인 (02.3216.1085)

펴낸이 오정현
펴낸곳 국제제자훈련원
등 록 제2013-000170호 (2013년 9월 25일)
주 소 서울시 서초구 효령로68길 98 (서초동)
전 화 02.3489.4300
팩 스 02.3489.4329
이메일 dmipress@sarang.org

ISBN 978-89-5731-837-9 04230
978-89-5731-835-5 04230(세트)

* 책값은 뒷 표지에 있습니다. 잘못된 책은 구입하신 곳에서 교환해드립니다.